Mães da Bíblia

Construindo histórias de vida através do amor

Marcos Veríssimo

Mães da Bíblia
Construindo histórias de vida através do amor

São Paulo, 2014

Copyright © 2014 by Marcos Veríssimo

Coordenação editorial	Equipe ÁGape
Diagramação	Claudio Tito Braghini Junior
Capa	Monalisa Morato
Preparação	Patricia Murari
Revisão	Regina Oliveira

Texto de acordo com as normas do Novo Acordo Ortográfico da Língua Portuguesa (Decreto Legislativo nº 54, de 1995)

Dados Internacionais de Catalogação na Publicação (CIP)
(Câmara Brasileira do Livro, SP, Brasil)

Veríssimo, Marcos
  Mães da Bíblia / Marcos Veríssimo. -- São Paulo : Ágape, 2014.

ISBN 978-85-8216-070-1

1. Histórias bíblicas 2. Mães na Bíblia 3. Mulheres na Bíblia I. Título.

14-02813   CDD-220.83054

Índices para catálogo sistemático:

1. Mães: Histórias bíblicas   220.83054

2014
IMPRESSO NO BRASIL
PRINTED IN BRAZIL
DIREITOS CEDIDOS PARA ESTA EDIÇÃO À
EDITORA ÁGAPE
CEA – CENTRO EMPRESARIAL ARAGUAIA II
Alameda Araguaia, 2190 - 11º andar
Bloco A – Conjunto 1112
CEP 06455-000 - Alphaville Industrial - SP
Tel. (11) 3677-7107 – Fax (11) 3699-7323
www.agape.com.br

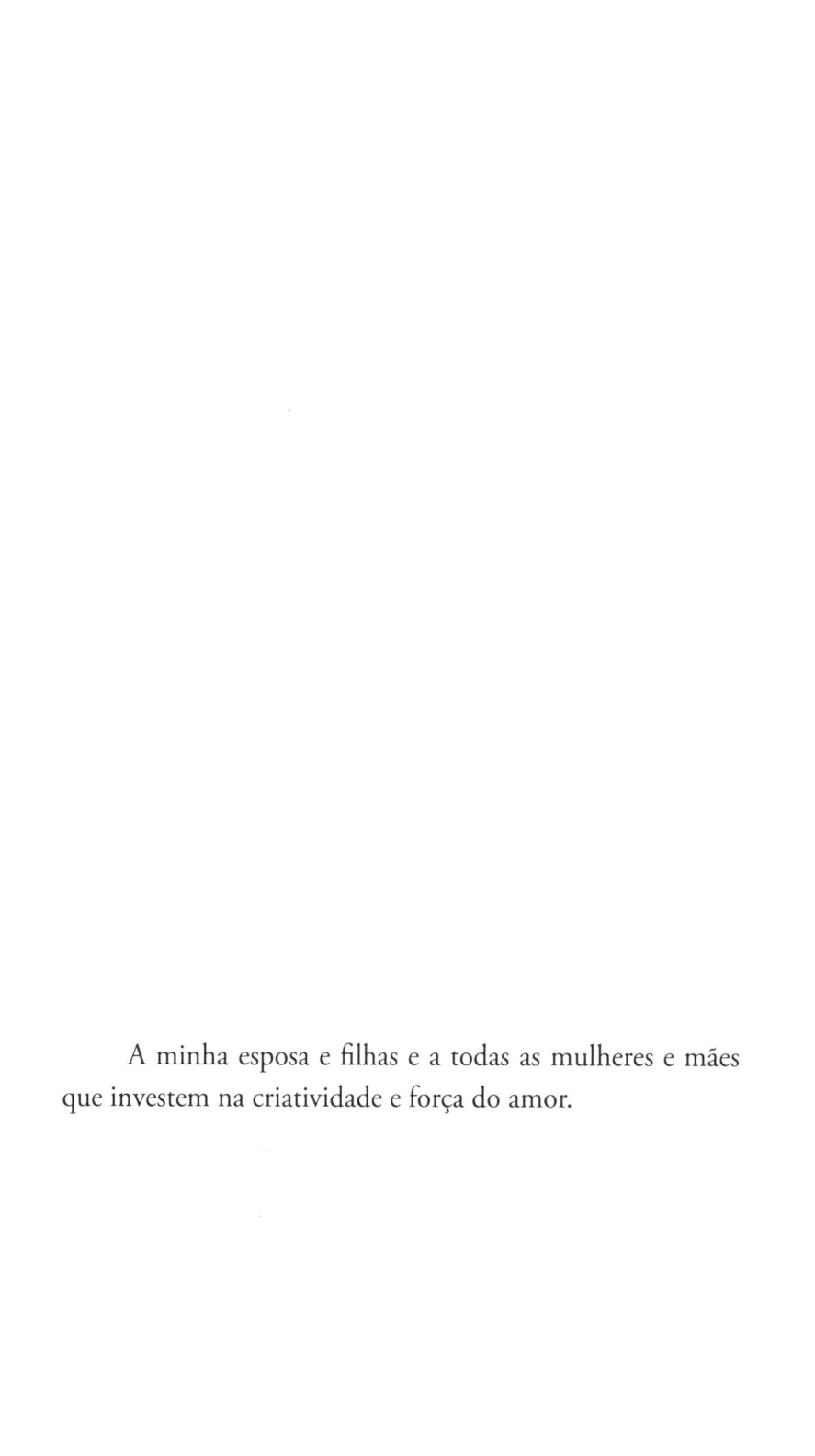

A minha esposa e filhas e a todas as mulheres e mães que investem na criatividade e força do amor.

Prefácio

Apresentar esta obra é sem dúvida uma alegria renovada. *Mães da Bíblia* é uma reflexão sobre mulheres que marcaram o seu tempo e também a vida de milhares de outras pessoas. Esta obra ampliará sua compreensão dos mistérios de Deus na caminhada da vida cristã, e nos ajudará a superar crises e administrar a medida do amar, e renovar nossa esperança. O exemplo dessas mulheres inspira nossos corações, até porque foram nossas mães que nos ensinaram a gostar de histórias. Sem dúvida, nós somos parte de nossas mães e de nossos pais. Somos parte daqueles que nos ajudaram e nos abençoaram para que possamos caminhar em nosso dia a dia. Há muito tempo eu conheço o escritor e Pr. Marcos Veríssimo e o admiro como mestre das escrituras sagradas. Suas reflexões sempre abençoam aqueles que amam e que desejam crescer na graça e no conhecimento.

Leiam este livro e cada frase irá abençoar, inspirar, corrigir e edificar a sua vida.

Boa leitura!

Pr. Moisés Silvestre Leal

Pastor Presidente IG - Assembleia de Deus, Ministério de Belo Horizonte, MG.

Introdução

As sagradas escrituras nos proporcionam a possibilidade de conhecermos histórias de vidas notáveis e surpreendentes, ao passo de termos a oportunidade de debruçar à leitura bíblica, percebendo o quanto estas histórias são capazes de transmitir lições valiosas, contribuindo para uma vida melhor e mais feliz.

Mães da Bíblia narra a historia de vida de doze mulheres que eram mães. As páginas deste livro nos permitirão dialogar com a realidade das mulheres, cada uma vivendo em seu próprio ambiente e enfrentando dificuldades sociais na forma de preconceitos, problemas financeiros, o drama da infertilidade, a dor da perda e a solidão entre outras. Estas mulheres são capazes de demonstrar através do amor e uma fé inabalável que as barreiras da existência que estabelecem os limites da vida podem ser vistas como testes diários. Com graça e criatividade, eles são vencidos, na maioria dos casos, sem o uso de força física.

É possível dialogar com o modelo de vida de Maria ou com o da mãe de Sansão e obter deles a sensação de que existem toques do altíssimo que perpetuam histórias de vida e que pela aparência o fim e a tragédia são uma evidência clara do destino. Mas para Deus nada é impossível. Por exemplo, podemos penetrar no íntimo do lar de Joquebede e nos surpreendermos com sua criatividade em unir o útil ao agradável, ao esconder o seu filho recém-nascido por três meses de um faraó violento. Veremos a história da viúva endividada que buscou ajuda com o profeta Elizeu quando estava prestes a perder seus filhos para o cobrador de uma divida contraída por seu esposo quando ele ainda estava vivo, compartilhar das palavras sabias da mãe de Lemuel e nos emocionarmos com a coragem de Joseba salvando o pequeno Joás das mãos de homens assassinos.

Todas estas mulheres e mães se alteram em estilos de vida, cada uma em seu tempo e lugar, mas a experiência de cada uma delas pode ser o bálsamo para muitos corações e estabelecer caminhos de excelência que somente em Deus encontraremos.

Maria

Uma mãe que mesmo nas crises expressa a alegria em conceber.

"O anjo, aproximando-se dela, disse: 'Alegre-se, agraciada! O Senhor está com você!' Maria ficou perturbada com essas palavras, pensando no que poderia significar esta saudação. Mas o anjo lhe disse: "Não tenha medo, Maria; você foi agraciada por Deus! Você ficará grávida e dará à luz um filho, e lhe porá o nome de Jesus". (Lucas 1.28-31)

Contexto histórico

Na Bíblia, algumas mães se tornaram personagens fundamentais para a conclusão dos propósitos de Deus para aquela geração. Alguns casais eram escolhidos por Deus para gerarem e educarem homens que completariam a missão do Senhor na Terra. João Batista e Sansão são dois exemplos disso.

Naquela época, não haviam tantas pessoas com determinadas qualidades físicas, morais e espirituais, mas Deus sempre contou com algumas famílias que atendiam ao Seu chamado e que se propuseram a entregar seus filhos à vontade de Deus. Para tanto, as mães tinham uma responsabilidade essencial com a gestação destes bebês, na educação, na formação do caráter e na preparação deles para o futuro. Neste caso, entra em vigor uma peça chave para o sucesso das missões: a maturidade emocional das mães escolhidas para a construção dos projetos do Senhor. E essa era uma tarefa muito especial.

As histórias de mães da Bíblia que conceberam mediante um milagre não é exclusividade de uma única personagem bíblica. Várias mães receberam em seu ventre o milagre da concepção e várias delas eram inférteis. Mas perceber o momento emocional destas mulheres adequado para uma concepção, seria um detalhe extremamente importante de análise. Não temos nenhum exemplo no texto sagrado que exponha o mínimo sinal de rejeição à gravidez partindo delas. Todas se dispuseram com louvor a esta forma de entrega exclusiva e especial, que seria dedicar o seu ventre para gerar um filho que teria um futuro já determinado pelo Altíssimo.

Agora, note outro detalhe importante: em nenhum caso de concepção com tais características se percebe um clima favorável no ambiente para a possível chegada destes bebês ao mundo. Todos chegaram em um período de muita tensão e agitação. Normalmente, o nascimento dessa criança significa a resolução de uma adversidade. Elas chegariam para estabelecer a ordem. Constatamos, então, que muitas mães da Bíblia geraram seus filhos em um ambiente insalubre. Como seria para uma mãe administrar uma gravidez quando não há movimentos externos a favor desta gestação? Como seria para uma mãe descobrir uma gravidez quando o governo é contrário ao nascimento de crianças? Qual será a sensação de uma mulher que engravida sem o apoio do esposo ou da família, especialmente quando ela quer ser mãe, amar e se entregar a esta vida tão minúscula e indefesa em seu ventre?

Maria, como outras mães da Bíblia que receberam um mensageiro de Deus, também se surpreende com a visitação do ser angelical. A vida na Judeia estava dentro de um curso perfeitamente normal. Apesar das dificuldades rotineiras, as pessoas na Judeia encontravam seus recursos, o templo em Jerusalém recebia os fiéis judeus regularmente, e em especial no sábado, quando se reuniam para suas orações e louvores.

Impulsionados pelas mensagens sacerdotais que, como rotina, eram ministradas em sermões que possuíam temáticas extraídas dos profetas e da lei de Moisés. E é claro que os sacerdotes, ao ministrarem sobre a esperança baseada na vinda do Messias, tomavam certo cuidado para não provocar os ouvidos de Herodes.

Neste tempo, mesmo com a presença romana no país, com perseguições de Herodes e de eventuais conflitos entre os soldados de Roma e alguns revolucionários idealistas, os judeus conseguiam sobreviver no que restou da nação de Davi e de Salomão.

Maria estava prestes a se casar com José, quando recebeu um anjo em sua casa com a missão de lhe trazer uma mensagem de grande relevância, que mudaria por completo a sua história. A reação de Maria ao ser informada dos projetos de Deus é realmente notável. Ela demonstra muita tranquilidade, como se fosse uma experiência corriqueira, mas na verdade era um acontecimento único. O anjo, por sua vez, tratou também de explicar o acontecimento de uma maneira simples, que pudesse ser compreendida por ela. Sabe quando você enfrenta uma situação e, ao terminá-la, pensa: "Não imaginei que seria tão fácil"? Foi exatamente isso que Maria pensou naquele momento. A explicação do anjo foi simples, mas mostrou a ela qual seria o seu papel. Emocionalmente, Maria deixa bem claro nas entrelinhas que ela estaria madura o bastante para ser mãe e cuidaria do menino até a sua independência.

Como algo assim poderia acontecer a uma virgem?

Mas a única coisa que Maria não consegue compreender é como algo assim poderia acontecer se ela não tinha relações com homem algum. Gabriel então lhe explica que sua concepção seria através de uma ação do Espírito. Ela mesma entende esse processo com propriedade, pois muito despreocupada, permite que o anjo vá embora sem fazer perguntas que qualquer um normalmente faria neste caso.

A tranquilidade expressa por Maria nas entrelinhas do texto quanto a uma gravidez de caráter tão excepcional é algo notável. Ela mesma nos ajuda a entender o quanto é possível fragmentar uma situação de extrema complexidade e torná-la em algo extremamente simples.

O bom de se relacionar com pessoas menos complexas e mais simples é perceber a facilidade que elas possuem para lidar com questões complicadas e problemáticas. Pessoas desta categoria nunca são dispensadas do coração de Deus. Portanto, Maria aceitou ser mãe. E o que será que ela entende por ser mãe? O anjo explicou que o ato da concepção seria um milagre, mas ela deveria saber que os demais processos da gestação estariam totalmente sob sua responsabilidade, ela deveria estar em plenas condições de abraçar o projeto da gravidez e tudo indica que ela estava. Agora só lhe restava aguardar as primeiras sensações da gravidez.

Este era um período tumultuado na Judeia, muitos sonhos envolviam o coração do povo que sofria com a dominação de Roma e o anseio por libertação e a vinda do Messias era um assunto de todos os dias, seja nas esquinas da cidade, nas conversas corriqueiras entre os amigos, reuniões familiares ou pregações nas sinagogas. Todos sabiam que o processo estabelecido por Deus, de acordo com a palavra profética, era que o messias nasceria de uma virgem.

"Por isso o Senhor mesmo lhes dará um sinal: a virgem ficará grávida e dará à luz um filho, e o chamará Emanuel." (Isaías 7.14)

Jesus foi concebido no ventre de Maria e a partir da concepção miraculosa a sequência dessa gestação não deveria ser um mistério. As relações que o Eterno desenvolveu com a humanidade desde os tempos mais remotos é marcada com limites dos deveres individuais de cada um e o respeito a estes deveres é um compromisso de ética.

Todas as dores humanas podem ser curadas, todas as feridas podem ser saradas, e processos dolorosos podem ser evitados com o mínimo de movimentação do Senhor, porém existem dores que, por uma questão de agregar valores a alma, não são curadas por Ele. Feridas que Ele não sara e processos dolorosos que Ele não irá evitar porque, na prática, exercem a função de efetuar os milagres na alma e aperfeiçoar os corações humanos, e estas etapas não devem ser ultrapassadas.

Pensando assim nos perguntamos: em que ponto ? A partir daqui é com você Maria pois, daqui em diante não deve haver mais evidências do sobrenatural porque os demais processos são uma providência dos atributos do organismo da futura mãe.

O milagre é necessário apenas na concepção. A gestação se desenvolve obedecendo a mesma escala que compõe os processos de iniciação da vida humana, que em si já possui evidências claras da ciência divina que não se comporta como ciência humana, que se firma ou se constrói com atividades experimentais e anos de pesquisa mas se desdobra nas características espantosas encontradas nas mínimas formas de vida de um organismo vivo, que se não fosse por auxílio dos laboratórios de pesquisa, sequer perceberíamos a sua existência como também o seu valor.

Quando a vida se define com traços tão singelos e por estar em um estado tão vulnerável, sobre as razões que levaram o Criador a constituir a vida com detalhes tão delicados e melindrosamente perfeitos, cada componente com representações tão mínimas da existência obedecem aos comandos ordenados nos processos da vida uterina, com movimentos matematicamente calculados, como se estivessem interpretando as notas de um clássico musical regidos com maestria por um mestre da arte da música.

No útero materno, de uma forma que não compreendemos, parece que a vida ensaia seus movimentos. Todos os pequenos órgãos se conectam e se difundem com lances graciosos, buscando acomodação e um espaço tranquilo e confortável onde milagrosamente receberá todas as provisões essenciais para a sobrevivência.

Maria simboliza o desejo implícito de ser mãe nos detalhes de sua existência, com a certeza de que o ventre é como uma casa blindada que guarda o mais valioso tesouro da criação de Deus.

O ventre é um lugar seguro, semelhante ao ninho das águias no alto dos rochedos, onde os pequenos filhotes crescem indiferentes ao poder dos fenômenos naturais ou da existência dos predadores. No ventre, a vida não percebe a mudança das estações, não se incomoda com o frio ou com o calor, não sabe que aqui do lado de fora existem guerras, que existem armas nucleares, desconhece a traição e não entende o que é o dinheiro; não sabe o que é vaidade e não se intimida pelo preconceito ou *bulling*. Não sabe que aqui as pessoas são classificadas por seu status social, sexo e por sua cor, mas de algum modo miraculoso, depois de algum tempo, ela reage aos estímulos da voz do papai, do toque da mamãe e da própria presença de Deus, conforme ocorreu com João Batista ainda no ventre de sua mãe, quando percebeu a presença do Senhor. Bem ali, no ventre da mamãe, Deus permite que a vida siga adiante sem temer o futuro porque é do ventre que procedem os heróis que farão a diferença nesta sociedade.

Maria deveria estar preparada então para o pós-milagre, quando as primeiras sensações da gravidez começassem a alterar seu dia a dia. O que se constata nas manifestações corporais assim que o corpo começa sentir a presença de um novo ser, por menor que ainda seja, praticamente sem forma, o organismo da mãe detecta a nova vida e aos poucos se dilata na preparação para os próximos desafios.

Com movimentos delicados de conexões miraculosas ocorrendo, chegaria a hora em que Maria sentiria essas primeiras sensações da gravidez e o processo agora é irreversível. De agora em diante, tudo estava sob sua responsabilidade.

Nisso vejo que Deus qualificou o amor de mãe equipando-o com elementos que a conectam com a nova vida, de modo que ela mesma, com todas as transformações, se entrega de corpo e alma. Mas a futura mãe estava com outro problema grave. Como conversar com José sobre a gravidez? A princípio José não consegue compreender, mas, através de um sonho, o anjo do Senhor acalma o seu coração e José concede o apoio à Maria.

Assim como Maria há um número enorme de mulheres que sentem o drama de uma gravidez mal compreendida por seus esposos, sofrem com o desejo de se tornarem mães, mas convivem com a pressão de um companheiro que não compartilha dos mesmos ideais da gravidez, fazendo com que esse sonho vire um problema. Em alguns casos, muitas delas se deparam com o abandono e separação. Alguns companheiros abandonam o lar, e a mãe precisa cuidar dos filhos sem a companhia do pai por toda vida. Muitas preferem lutar e manter sua gravidez pagando o preço da indiferença da falta de compreensão, isso quando não chega ao cúmulo da violência física.

Conheci uma família completamente desestruturada há alguns anos, quando a esposa sofria agressões físicas sob qualquer suspeita de gravidez. A separação foi inevitável.

Ser mãe requer ser mulher em plenas condições físicas e emocionais para se submeter ao processo que ocorre após o milagre, e todo milagre possui em sua essência uma cadeia de objetivos que operam no propósito de ministrar lições nas áreas mais profundas da vida. De acordo com texto, Maria não se sentia desconfortável por nenhuma situação que estivesse envolvendo sua história. Mas Deus propõe realizar no organismo dela um grande milagre, note que este milagre não seria por uma ação isolada do Espírito Santo, tal como Deus agiu na criação do mundo e em outras obras narradas pela Bíblia. Este envolve um nascimento, ainda que um nascimento previsto pelos profetas, tão desejado pelo povo. Mas esta ação não seria uma ação independente do Criador. Estamos diante de um projeto em que seu desempenho depende do ajuste e da colocação de muitas peças que o seu desdobramento não gera reações independentes, mas sim gera responsabilidades. Pois gerar um filho envolve uma série de transformações na estrutura do corpo da mulher, desde as dificuldades que surgem nos primeiros dias às dores que antecedem a hora do parto. É neste aspecto que aparece a noção de ser uma mãe que aceita estar subordinada e sem o desejo de interromper o processo e se curva a um período inevitável de limitações.

    Esta jovem mulher por nome de Maria seria mãe. E na realidade para o Eterno encontrá-la, primeiro viu o seu desejo de ser mãe, assim não iria contrarias seus próprios sonhos. Nem sempre é possível que uma gravidez ocorra em tempo ideal, sem dúvidas, é bom quando ela acontece sem contrariar ou interromper os sonhos de ninguém especialmente os do papai e da mamãe que irá gerar. Quando tudo parecem se identificar com o melhor momento para a chegada do bebê, quando o enxoval está prontinho com peças de roupas perfumadas e embaladas em uma pequena cômoda trabalhada em pátina branca e as gavetinhas em cores variadas com pequenos puxadores em formato de estrelinhas, ou meia-lua. O céu e a natureza são fielmente remontados nos detalhes das pinturas no teto e nas paredes coloridas em tons suaves. Sobre o bercinho um véu em forma de cascata dão toque final no ambiente, e demonstra a dimensão dos sonhos de uma família a espera de alguém que pode estar chegando em alguns meses ou dias.

A alegria se reflete nos olhares curiosos do vovô e da vovó que costumam antecipar os planos de passeios no parque ou no shopping, empurrando carrinho de bebê em cores rosa verde-água ou azul. O certo é que quando uma mãe tem a felicidade de gerar em um ambiente familiar tão saudável como este é uma grande alegria. Mas infelizmente nem todas as situações da vida possuem a mesma ordem em seus acontecimentos. Nem sempre existe um quartinho montado com móveis coloridos e paredes decoradas. Não é sempre que é possível ter por perto o vovô e a vovó para ajudar na compra do enxoval. O titio ou titia com sugestões de nomes esquisitos para o futuro sobrinho. Uma família pode ser surpreendida por uma gravidez não programada para o momento em que ela aconteceu, como adequar as coisas e criar o devido espaço para o mais novo membro da família? Na história de Maria e José os meios foram criados para que o menino nascesse e tivesse todas as condições para sua sobrevivência.

Mesmo em tempos tão difíceis é possível ter esperança e compreender que o amor é superior às crises e a vida pode acontecer. Muitos exemplos de homens e mulheres que nasceram quando seus pais não esperavam uma concepção se tornaram em grandes vultos da história marcando suas gerações . Portanto, vale a pena deixar que a vida aconteça.

Enfim Maria consegue compreender que todos os esforços seriam válidos, para a realização dos projetos da gravidez.

Aprendendo com a mãe de Jesus

Sua reação tranquila mesmo diante dos possíveis conflitos que ela estaria enfrentando ajuda-nos a compreender de que milagres podem acontecer e acontecem a todo instante, especialmente na realidade de quem ama e não abre mão de deixar que um filho venha ao mundo. A todas as mães que às vezes suportam humilhações, sofrem com abandono e a indiferença de alguém porque preferiu ser mãe e pagou um alto preço por sua escolha. Ela escolheu ser mãe mesmo o que exame de ultrassonografia constatasse que o filho seria deficiente físico ou teria alguma síndrome, por amor ela é mãe.

Ela é mãe do filho cego, do filho mudo e do surdo, ela é mãe do filho hospitalizado e também é mãe do filho autista, ela é mãe é mãe do filho que não tem saúde, é mãe do filho saudável, do filho atleta, do filho doutor, do político, militar, usuário de drogas e do presidiário, enfim ela é mãe , porque assim como Maria ela decidiu provar que o amor supera desafios e se for necessário ela foge para o Egito com José para esconder o filho de um rei assassino, simplesmente porque o amor de mãe tudo consegue suportar!

Rebeca
Uma mãe que tenta administrar uma crise familiar.

Rebeca disse a seu filho Jacó: "Ouvi seu pai dizer a seu irmão Esaú: 'Traga-me alguma caça e prepare-me aquela comida saborosa, para que eu a coma e o abençoe na presença do Senhor antes de morrer'. Agora, meu filho, ouça bem e faça o que lhe ordeno: Vá ao rebanho e traga-me dois cabritos escolhidos, para que eu prepare uma comida saborosa para seu pai, como ele aprecia. Leve-a então a seu pai, para que ele a coma e o abençoe antes de morrer". (Gênesis 27.6-10)

Contexto histórico.

Estas são algumas características da personalidade de Rebeca, esposa de Isaque e segunda matriarca do povo judeu.

Vinda de Aram, terra natal de Abraão, não hesitou em deixar seu lar e sua família para se casar com um homem desconhecido e viver em um lugar distante.

Movida por esta mesma coragem e inspirada pelo dom da profecia que, durante a difícil gravidez dos gêmeos Esaú e Jacó, lhe revelara que "o mais jovem reinaria sobre o mais velho", Rebeca também não hesitou em interferir para que Isaque abençoasse Jacó no lugar de Esaú.

Rebeca, assim como Sara, não conseguia engravidar. Passaram-se vinte anos antes que Deus atendesse às preces de Isaque e Rebeca, até que finalmente engravidasse. Sua gravidez foi difícil, pois o Senhor lhe concedeu a bênção de conceber filhos gêmeos. Durante os nove meses, ela sentia intenso conflito em seu ventre, as crianças se movimentavam de forma tão intensa em seu interior, que em sua dor, ela busca uma resposta de Deus: E o Senhor respondeu-lhe: Que ela havia concebido gêmeos e acrescenta que estas duas crianças seriam representantes de duas nações importantes, mas informa a Rebeca um detalhe essencial em relação aos meninos de que o mais velho serviria ao mais jovem.

Quando chegou o tempo, Rebeca deu à luz gêmeos; o primogênito foi chamado de Esaú e o segundo de Jacó. Os dois filhos de Isaque e Rebeca eram totalmente diferentes, tanto na forma fisíca, como moral e espiritualmente. Enquanto Esaú era um caçador, Jacó era um moço possuidor de estilo de vida mais tranquilo e mais voltado a cuidar de gado e ovelhas, ele era um rapaz caseiro, por isso sempre estava mais proximo à mãe. O texto sagrado enfoca que Rebeca amava mais a Jacó, naturalmente porque ele estava mais atento às necessidades dela, sempre presente para dar e receber afeto. Quando o autor bíblico trabalha as diferenças do caráter de Esaú em relação a Jacó percebemos que ele era aparentemente mais durão, profissão de caçador que lhe dava um gosto por mais aventuras e possivelmente uma diferença até mesmo em seu biotipo. Isaque estava velho e cego, Esaú seu filho mais velho, possuía um cuidado especial com ele, conforme a informação do texto ele era mais próximo do pai e gostava de saciar seus desejos no preparo de alguns pratos especiais, resultados de suas caçadas. Neste período da história, o texto bíblico abre um espaço para a observação de barreiras no relacionamento do casal, pois há uma clara evidência de ausência de diálogo entre Isaque e Rebeca, e o desgaste deste relacionamento se reflete em suas preferências em relação aos dois filhos. Nos deparamos com fortes indicadores de que ambos não estavam de acordo em relação aos projetos para o futuro dos rapazes, especialmente se tratando da bênção da primogenitura.

O Problema

Rebeca sabia quem era Esaú, e conhecia Jacó, realmente; via seus dois filhos em sua verdadeira natureza. Sabia que Esaú era materialista, percebera sua dubiedade e sua brutalidade. Sabia que seu instinto para o mal era maior do que suas qualidades. Após ter vivido anos entre pessoas maldosas, Rebeca sabia reconhecer a crueldade e a falsidade, enquanto que Isaque, que passara maior parte de sua vida no ambiente familiar e ao seu lado, pouco sabia sobre a maldade. Rebeca via com clareza que somente Jacó poderia mudar o mundo da forma como Abraão, o pai de Isaque e avô dos meninos, o concebera, até porque ela havia recebido uma palavra profética antes de as crianças nascerem.

A questão que envolve a bênção da primogenitura sobre Jacó ao invés de Esaú, se analisada pelo perfil e comportamento dos garotos completamente opostos entre si, não é possível perceber coerência na voz profética, pois o mais velho, a quem a voz se referiu era possuidor de todas as características que do ponto de vista de um pai como Isaque, não se entenderiam as motivações divinas no processo de inversão da ordem da bênção.

O contexto bíblico naturalmente quando evoca as qualidades do filho mais velho, deixa claro que nas condições de Isaque ele jamais se colocaria à disposição para inverter por si mesmo o processo de ministrar a bênção na vida do mais novo, seria nescessário como em outras vezes ocorreu, uma intervenção divina esclarecendo a Isaque os motivos divinos para inversão do processo, mas até então a única movimentação de Deus na história desta família foi realizar o milagre no ventre estéril de Rebeca e a avisá-la a respeito da inversão da bênção, e pela sequência dos acontecimentos em torno da família, Isaque não esboçava nenhum conhecimento deste projeto divino. Para o pai, o filho caçador, aventureiro e mais atencioso com ele, sem dúvida alguma é o filho que além de ser o mais velho era digno de receber a bênção até mesmo por sua postura em relação à vida.

Rebeca com certeza vivia em um dilema eterno e muito complicado, pois ela não tinha dúvidas quanto a originalidade da voz que veio a ela antes de as crianças nascerem. Deus claramente havia lhe declarado em detalhes que duas crianças estavam para nascer e que o mais velho seria servo do mais novo, mas o desafio de Rebeca seria de que maneira ela poderia administrar esta informação sem causar nenhum desgaste no ambiente familiar. Jacó, o filho mais novo e o mais carinhoso com ela, possuía um estilo de vida que lhe dava poucas oportunidades de ter o reconhecimento do pai, pelos apontamentos bíblicos e hitóricos o diálogo entre o casal parece ter sofrido um terrível desgaste. Quanto ao entendimento da realidade profética que pairava sobre os meninos as evidências mostram que ambos não estavam de comum acordo sobre a questão, e o que podemos ver é uma mãe solitária, aflita e sem o apoio do marido na tentativa de criar o ambiente adequado para que o seu filho preferido ocupasse o lugar previsto pelo oráculo profético. Esaú é um moço que dá pouco valor para a importância das realidades da vida espiritual, de modo que ele troca a benção da primogenitura por um prato de lentilhas feito por seu irmão mais novo, ao chegar faminto em casa. Mas o grande desafio de Rebeca seria fazer com que Isaque percebesse este lado superficial de Esaú, que era capáz de negligenciar seu maior bem por um prato de sopa. Esaú deixa muito claro que jamais teria competência para administrar o primeiro lugar na escala da benção e somente seu pai não conseguia ver esta verdade, mas para Rebeca as coisas desde muito tempo já estavam muito bem esclarecidas.

 Isaque sentira que havia chegado a hora de dar sua benção ao filho primogênito, por isso mandou Esaú caçar e preparar uma refeição, para então abençoá-lo. Mas ao ouvir isto, Rebeca que não esquecera a profecia de que "o mais velho servirá ao mais jovem", decidiu agir. E, contrariando a vontade de Isaque, interferiu para garantir a seu filho mais novo a bênção paterna que, de acordo com a tradição, seria concedida a Esaú, o primogênito.

Ideias alinhadas às ideias de Deus

Naturalmente é bom observar que sempre existem formas adequadas de agir que procedem da mente do Altíssimo, as Sagradas Escrituras sempre produziram fatos históricos de mães que souberam tirar proveito de grandes oportunidades, e de forma que foram conectadas à mente divina e com verdadeira criatividade formaram planos perfeitos e justos, para livrar seus fihos de algum tipo de perseguição ou perigo de morte. Rebeca, assim como Sara, em um momento de puro desespero criou seus próprios caminhos, neste momento também lhe faltou esperança de que o Eterno poderia criar um projeto que solucionasse a crise.

Exemplos bíblicos nos ajudam a enteder que Deus agiu em situções difíceis como na história de Joqubede, mãe de Moisés, que o salvou colocando o menino no rio Nilo e o livrando da guarda assassina do Faraó, até que ele fosse salvo pela filha do próprio rei do Egito. Rebeca estava aflita e deseperada, portanto ao tentar agir por sua própria intuição ela pagou um preço altíssímo: o seu filho mais estimado precisou fugir para longe de seu irmão enfurecido e ela jamais o viu voltar para casa. O que na realidade Rebeca precisava era alimentar sua confiaça em Deus, o único que teria o plano perfeito sem causar movimentos aparetemente injustos ou questionáveis.

Quando Isaque se deu conta do que acontecera, estremeceu no fundo de sua alma.

Esaú, ao perceber o ocorrido, fica enfurecido e planeja matar o irmão. Mais uma vez a intuição de Rebeca salva Jacó. Ao perceber os planos de Esaú, Rebeca manda Jacó para longe, para a casa de seu irmão Labão, onde devia permanecer até que Esaú superasse sua raiva. Rebeca temia o poder dessa raiva, temia pela vida de seus dois filhos. Por isso, mais uma vez, tomou uma decisão difícil, mandando seu filho Jacó para longe. Nunca mais Rebeca voltou a ver Jacó.

Esta mãe só precisava admitir em seu coração que a bênção de Deus sobre Jacó era algo que ninguém poderia mudar, e obedecer aos desígnios e orientações divinas a livraria de muitos sofrimentos, mas ela amou tão intesamente a Jacó que foi incapaz de perceber a gravidade das possíveis consequências que ela teria que enfrentar. Esta crise familiar estava em um estado avançado e humanamente falando sem recurso algum de solução e o único caminho para dilemas como os de Rebeca é confiar que o mesmo Deus que faz a promessa possui todos os atributos para criar o ambiente perfeito e adequado para seu cumprimento.

Aplicação para os dias atuais.

As evidências bíblicas nos mostram o grau da crise instalado no lar de Rebeca, as dificuldades entre o casal ficam expostas na medida em que se percebe que ambos possuíam sentimentos diferenciados pelos seus e dificilmente uma família consegue superar com facilidade dramas semelhantes a estes.

Aprendendo com os dilemas de Rebeca

Rebeca prova seu amor por seu filho mais novo, mas também deixa claro sua fragilidade talvez devido à dura realidade da família. Eles eram herdeiros de Abraão e Sara sendo, assim, gozavam de uma posição social privilegiada, mas não foi a boa herança que os livrou de problemas familares. Conviver com dilemas de filhos preferidos jamais foi um desafio só de Rebeca, existem inúmeras famílias na atualidade divididas por estas realidades. Há filhos mais caseiros e mais ligados a uma vida mais tranquila e conseguem passar maior parte do seu tempo com a mãe, e assim como Jacó, geralmente por serem mais acessíveis, estes filhos se tornam mais carinhosos e consequentemente se não houver um equilíbrio na relação familiar, naturalmente o foco será diferenciado. Mas neste mesmo plano familiar existem filhos que por natureza são mais frios em relação aos sentimentos e não correspondem com facilidade aos gestos carinhosos de uma mãe.

São filhos mais voltados a um estilo de vida semelhante ao de Esaú, mais aventureiros e no entanto menos acessíveis ao ambiente familiar, qualquer mãe aberta para amar e se entregar aos seus filhos sentiria com facilidade a dor de Rebeca, mas é preciso ver com extremo cuidado, usar de critérios e buscar o equilíbrio na relação familiar que venha proporcionar a ideia da divisão correta do amor por filhos diferentes.

Os exemplos bíblicos nos ajudam perceber que há propósitos estabelecidos por Deus que oferecem planos inteligentes e justos para as crises familiares e que não sejam prejudiciais a nenhum dos filhos. Estar em conexão com a mente do Eterno auxilia mães em crise a administrar o seu amor a toda sua família, mesmo em situações improváveis, tentar evitar planos equivocados para solucionar certas crises internas pode ser um ponto essencial para que o futuro de um lar não sofra danos e a boa mente de uma mãe pode possuir a receita para restabelecer o diálogo no lar, e o equilíbrio das relações familiares.

O lar de Rebeca sofreu duramente por sérios desgastes no ambiente de sua casa, mas Deus deixou claro que sua bênção estaria sobre o garoto mais novo, por onde quer que ele fosse.

Existem processos para a vida das pessoas que são inevitáveis, que na realidade as vezes dependem do posicionamento dos pais elaborar projetos ou não que seja para evitá-los ou apressá-los de alguma forma, pois em todos e para a vida de todo ser humano há um caminho de bênção preparado pelo Eterno. Jacó fugiu do irmão furioso que queria matá-lo, mas mesmo na casa do tio e longe de casa foi alcançado pelas mãos do Altíssimo e prosperou muito. Esaú ficou em casa, mas se casou mal e as mulheres com quem ele se casou, conforme o costume da época, trouxeram apenas desgosto aos seus pais. Com certeza o segredo para muitas mães alcançarem vitória, especialmente vitória para os seus filhos, está no ato de amar, mas entender que todo bom projeto para a família em crise somente pode fluir de uma mente conectada à mente do Altíssimo.

Rispa
Uma mãe levando o seu amor ao extremo

"Então Rispa, filha de Aiá, pegou um pano de saco e o estendeu para si sobre uma rocha. Desde o início da colheita até cair chuva do céu sobre os corpos, ela não deixou que as aves de rapina os tocassem de dia, nem os animais selvagens à noite. Quando Davi foi informado do que Rispa, filha de Aiá, concubina de Saul, havia feito." 2 Samuel 21.10,11

Contexto histórico

A história de Rispa talvez seja uma das mais comoventes que encontramos na Bíblia quando o assunto é o amor de mãe.

Rispa era uma das concubinas do Rei Saul. Com certeza era uma mulher bonita, que atraía os olhos de todos os homens que passavam, pois para ser concubina, com certeza, foi escolhida a dedo. Ela teve dois filhos do rei Saul - Armoni e Mefibosete. Eles foram criados com ela, no palácio do rei.

Porém, em uma batalha, o rei Saul é perseguido e morre. Rispa, então, passa a conviver com as perdas.

Houve um tempo de fome que perdurou por três anos e atingiu Israel durante a primeira metade do reinado de Davi. Esta calamidade aconteceu por causa de Saul e da sua casa sanguinária. Ele não honrou a aliança que havia entre Israel e os gibeonitas, que garantia a proteção deles por parte de Israel. Ao contrário, Saul matou os gibeonitas.

Para entendermos essa obrigação de proteção, precisamos abrir um parêntese e voltar no tempo por um momento. O povo de Israel (hebreus) estava cativo no Egito. Deus os libertaria por intermédio de Moisés e prometeu-lhes uma terra para sua possessão. Com Moisés, caminham cerca de 40 anos no deserto em busca dessa terra.

Quando a Terra Prometida é conquistada, Moisés já falecido e o povo agora sob a direção de Josué, alguns inimigos (de Gibeom) se passam por forasteiros e pedem compaixão e proteção a Josué (Josué 9). Josué faz aliança com eles, prometendo-lhes paz e vida, ou seja, não poderiam ser mortos pelos israelitas, mas sim, protegidos. *"Então Josué fez um acordo de paz com eles, garantindo poupar-lhes a vida, e os líderes da comunidade o ratificaram com juramento."* (Josué 9.15) Mediante esse juramento, ninguém poderia tocar nos gibeonitas.

Reparando o mal com mal

Avancemos, então, cerca de 400 anos depois: este povo já como nação e sob o comando do rei Davi, seu segundo rei. A seca estava provocando a destruição. Davi consultou os gibeonitas sobre como o grande mal causado por Saul poderia ser reparado. Eles responderam que só a morte da descendência de Saul poderia amenizar o grande mal. Lógico que isso não traria os seus de volta, mas seria uma maneira de fazer justiça por eles. É bom que se lembre que esse era um tempo diferente do nosso. Não devemos querer fazer justiça com as nossas próprias mãos, mas naquele tempo, assim foi feito. Davi faz como eles pedem e manda buscar sete filhos de Saul.

Davi concordou em entregar a eles os dois filhos de Rispa e cinco dos filhos de Merabe, filha mais velha de Saul. Os gibeonitas os condenaram à morte, e penduraram seus corpos no santuário em Gibeá.

Rispa entra em cena

Então Rispa entra em cena! Ela toma seu lugar sobre a rocha de Gibeá, e passa a vigiar os corpos de seus filhos, para não serem devorados pelas feras e aves de rapina. Parece estranho, mas foi exatamente isso que aconteceu: ela ficou vigiando os seus cadáveres.

Aí surge a pergunta: por quê? Por que vigiar cadáveres? Porque ela era mãe! Mãe com um amor extremo. Mães, às vezes, fazem coisas que ninguém consegue entender.

O que aprendemos com tamanho sofrimento?

Esses dois filhos eram a herança de Rispa. Deles nasceria sua descendência.

Imaginemos: Armoni e Mefibosete sendo levados pelos guardas, e Rispa chorando compulsivamente pelos filhos. A morte estava atravessando sua alma. Qual mãe não se sentiria fragilizada com uma situação assim? Mas Rispa decide enfrentá-la de uma forma inusitada. Ela decide que cuidará de seus filhos mesmo mortos.

Ao ver seus filhos mortos, Rispa, em grande desespero, tomou a decisão de não abandonar seus corpos. Ela sabia que esses corpos seriam devorados pelas feras do campo e pelas aves. Ela pegou um pano de saco e o estendeu sobre a rocha e ali ficou vigiando dia e noite, enxotando os animais que se aproximavam para devorá-los, protegendo assim os corpos de seus filhos.

Passavam-se os dias e lá estava ela; fraca e vulnerável permanecia em sua vigília. Ficou ali, até que a chuva chegou e a seca acabou. Alguém falou com o rei sobre sua atitude e ele então prepara um sepultamento digno para aqueles corpos.

Rispa é o tipo de mãe lutadora. Que luta até ao extremo, se preciso for, movida pelo amor de mãe. Quando seus filhos são arrancados de si, decide lutar para protegê-los, mesmo na morte.

A atitude dela nos serve de exemplo. Uma expressão do amor sacrificial. Era como se ela gritasse: " por meus filhos eu luto até o fim; enquanto força tiver!"

Em nossos dias, quantas não são as feras que querem devorar nossos filhos!? Drogas, prostituição, rebeldia, depressão, más companhias etc.

Quantos e quantos têm vivido as perseguições do mundo das drogas, esse universo cruel e sem perspectiva, que escraviza a vida de tantos jovens? Outros tantos têm vivido escravizados pelo domínio da prostituição, entregando seus corpos com o risco de contraírem doenças e perderem até mesmo a dignidade. Não são poucos também os que têm ficado envolvidos pela crise do "mal do século": a depressão, chegando ao extremo de tirar suas próprias vidas. Quantos não têm se deixado levar pelo espírito de rebeldia, fazendo de tudo contrário ao que é colocado como regra? Muitos se perderam encontrando pelo caminho as más companhias, que apareceram exatamente no momento em que muitos desses filhos precisaram de uma boa companhia.

Onde estão as Rispas do século XXI?

Infelizmente muitas mães têm deixado seus filhos serem dilacerados pelas bestas feras desta vida!

Não desista de seus filhos! Eles precisam de você. Em todas as horas! Principalmente quando a vida apresenta suas dificuldades ou as facilidades para os caminhos errados.

Seja você também uma Rispa. Decida não abandonar seus filhos. Mesmo quando, por todos em volta, eles já tenham sido abandonados. Você pode trazer a proteção que eles precisam. O seu "extremo" amor pode fazer toda a diferença na vida deles. Salve-os das feras deste século. Acompanhe-os! Na escola, na igreja, nos momentos alegres, nos momentos tristes etc. Conheça o dia a dia dos seus filhos. Mesmo se ninguém der mais nada por eles. Conduza-os a um fim digno. Faça sua parte!

Sara - uma jornada de esperança.

Existe um tempo ideal para ser mãe?

"Onde está Sara, sua mulher?", perguntaram. "Ali na tenda", respondeu ele. Então disse o Senhor: "Voltarei a você na primavera, e Sara, sua mulher, terá um filho". Sara escutava à entrada da tenda, atrás dele. Abraão e Sara já eram velhos, de idade bem avançada, e Sara já tinha passado da idade de ter filhos. Por isso riu consigo mesma, quando pensou: "Depois de já estar velha e meu senhor já idoso, ainda terei esse prazer? "Mas o Senhor disse a Abraão: "Por que Sara riu e disse: 'Poderei realmente dar à luz, agora que sou idosa?' Existe alguma coisa impossível para o Senhor? Na primavera voltarei a você, e Sara terá um filho". (Gênesis 18.9-14)

Contexto histórico

Abraão e Sara moravam na cidade de Ur, nas esplêndidas margens do rio Eufrates e segundo relatos históricos o casal gozava de uma vida muito tranquila perto de seus parentes e amigos. Foi exatamente dentro deste contexto que esta pequena família tem a sua primeira experiência com a voz do Altíssimo, que possuía uma característica singular: o casal teria que sair de sua cidade natal para que os desdobramentos das promessas pudessem ser iniciados, sair de casa seria um processo menos desafiador se ao menos tivessem noção das implicações que um deslocamento como este poderia lhes causar.

Para Deus o ato de materializar uma promessa feita a alguém é algo extremamente simples, pois por Ele todas as coisas foram criadas conforme nos relata João no capítulo 1.3. "Todas as coisas foram feitas por intermédio dele; sem ele, nada do que existe teria sido feito". Nesta linha de raciocínio, levá-los a uma nova terra, transformá-los em uma grande nação... São coisas que Ele poderia realizar em uma fração de tempo que sequer perceberíamos. Mas é fundamental observar o lado funcional e prático de uma promessa, portanto o que vem ao caso não é somente o fato das promessas serem cumpridas, mas além disso, se deveria levar em conta a habilidade da família envolvida em administrar o que receberiam de Deus, nestes termos admitimos que certas práticas divinas exigem tempo para sua execução. Esta realidade está relacionada à perspectiva que o Eterno tem em cada uma delas, dentro de suas projeções futuras e eternas. E tal proeza não se pode dar ao luxo de cair em um terreno pedregoso e hostil. E sem as devidas inclinações necessárias que façam deste solo uma terra em perfeitas condições para a perpetuação da promessa. E esta em especial possuía um caráter único.

Quando Abraão e Sara saem da cidade de Ur dos caldeus, onde moravam, eles assim fizeram por orientação do Senhor. O Eterno iria compartilhar um grande projeto com este casal, mas para que tudo ocorresse sem o risco de algum tipo de influência externa causar alterações no curso de vida do casal, o Senhor os levaria a uma nova terra que ofereceria todas as condições necessárias para que a vida deste pequeno grupo familiar progredisse, uma nova terra, um novo ambiente, novos projetos seriam os elementos vitais usados por Deus para a execução do projeto. Uma mudança de ambiente possibilita outras transformações não somente no estilo de vida das pessoas, mas em especial no próprio caráter de um indivíduo. Pessoas preparadas conseguem superar com mais facilidade os desafios que um projeto de tanta responsabilidade costuma trazer.

Sara nunca foi uma mulher ausente de influência, o vigor de sua personalidade é facilmente percebido na proporção em que os ambientes são formados durante a grande jornada. A compreensão da personalidade de Sara está nas evidências encontradas nas narrativas bíblicas. É possível até dimensionar os níveis de sua capacidade emocional e espiritual, estas medidas são determinadas pela forma com que as pessoas administram os problemas que aparecem durante a vida, esta verdade está clara na expressão de Paulo o apóstolo no carta bíblica escrita aos Filipenses no capítulo 4.12,13 quando ele diz: "Sei o que é passar necessidade e sei o que é ter fartura. Aprendi o segredo de viver contente em toda e qualquer situação, seja bem alimentado, seja com fome, tendo muito, ou passando necessidade. Tudo posso naquele que me fortalece". A expressão de Paulo traz nas entrelinhas alguns indicadores importantíssimos e entre eles destaca-se o peso de sua profundidade espiritual e emocional.

Sara, futura mãe de Isaque e esposa de Abraão, não faz uso de expressões como as de Paulo, mas sua postura diante das realidades por ela vivida, nos abre portas para oportunidades únicas, de algumas leituras a seu respeito. Por exemplo, aquela Sara que em um período sugere a seu esposo que se relacione com Hagar, a escrava egípcia, assim provando suas fragilidades não é mais a mesma mulher que em tempos depois já sendo mãe e agindo em plena sintonia com as intenções divinas, pressiona a seu esposo a mandar embora Hagar e seu filho Ismael. Lembrando que neste momento o cenário em evidência no aspecto emocional de Sara era outro, pois ela estava de bem com a vida, vivendo seus melhores momentos com seu esposo e filho. O crescimento de Sara é provado nestes testes que são realizações peculiares do Eterno, são eles os responsáveis pela dinâmica das transformações do caráter e do desenvolvimento das convicções de seus filhos e isso nada mais é do que os processos que levam ao crescimento da fé. E o que torna possível a realização de uma leitura totalmente fidelizada dos símbolos criados por ela e de que maneira sua história perpetua-se no tempo. Sara dialoga com tantas outras mães que mesmo a demonstração clara de suas fraquezas e vulnerabilidades se tornaram em grandes referenciais que provam que o Deus de Sara e Abraão é um sábio edificador de vidas, não se arrepende de suas escolhas e mesmo com a presença de um Ismael que veio da existência como fruto de um plano equivocado de Sara, que sugeriu relação entre Abraão e Hagar, uma ideia que gerou frustrações com consequências que deixariam cicatrizes não somente no tempo em que viveram como também para as gerações futuras, comprometendo a história.

Deus, em suas atribuições, jamais passou uma sensação de esgotamento ou que estivesse nos limites de suas múltiplas formas de manifestação de sua graça. E é o seu amor à porção criadora do impulso que projetará Sara novamente no núcleo da parte rígida do que Ele havia prometido. Este é o espaço intocável da liderança do Eterno onde ele cuida e administra os fluxos de sua força e o favor imerecido que vão manter o ritmo de seu fluir na vida de Sara mesmo que os seus desacertos compatíveis e produzíveis nas jornadas da vida, façam com que Sara venha sugerir a existência de um Ismael para depois ter que vê-lo crescer na mesma tenda onde crescia o seu Isaque, o filho legítimo da promessa.

Quando retrocedemos no tempo bíblico e nos deparamos com a chamada de Abrão em Gênesis capítulo 12.1-3 o texto mostra-nos que Deus além de chamá-lo, lhe faz promessas: "Então o Senhor disse a Abrão: "Saia da sua terra, do meio dos seus parentes e da casa de seu pai, e vá para a terra que eu lhe mostrarei. "Farei de você um grande povo, e o abençoarei. Tornarei famoso o seu nome, e você será uma bênção. Abençoarei os que o abençoarem, e amaldiçoarei os que o amaldiçoarem; e por meio de você todos os povos da terra serão abençoados".

A formação do povo de Israel e a noção que se tem deste mover divino é que este não pode ser um milagre que se realize de forma súbita, por exemplo: o texto sagrado nos mostra Jesus realizando alguns milagres de diferentes categorias, como dar visão ao cego, transformar a água em vinho, alimentar uma grande multidão com peixe e pão etc. São modelos de milagres que não cobram profundidade espiritual ou experiência de vida alguma para recebê-los, são categorias de milagres que alcançá-los é apenas uma questão de estar no lugar certo e na hora certa. Ao passo que no caso de Sara e Abraão a situação era de um plano bem mais abrangente e com impactos sociais e espirituais bem mais profundos do que eles poderiam imaginar. Logo, devido aos propósitos envolvidos, Deus usaria critérios ainda mais rigorosos para escolha e promoção dos agentes em ação, e o que elE viu em Sara é exatamente a existência possível de uma mãe que mesmo com a idade avançada seria capaz de criar a atmosfera necessária para gerar o filho e prepará-lo para o futuro grandioso que faria dele um homem fundamental para formação da nação israelita, esta promessa precisa ganhar raízes profundas e inabaláveis capazes de superar o tempo, a conquista do espaço geográfico e atingir o ambiente espiritual necessário.

Como ter um filho naquela idade?

Os primeiros obstáculos, aparentemente, foram de alguma maneira superados pela pequena família e a futura mãe de Isaque mostra-se totalmente submissa a voz de Deus, que veio por intermédio do esposo. Esta espontaneidade de Sara precisa ser colocada em uma balança fiel. Atitudes como estas somam valores e darão peso que com certeza passam pelos processos de avaliação do Eterno, esta mulher nos ensina que ela é capaz de criar movimentos que delatam sua humildade. Sara começa deixando pistas de que ela é uma pessoa possível de ser tocada e alcançada pelas mãos de Deus. E que ela não lançou sua alma em um abismo emocional tão profundo a ponto de não ser alcançada pela graça e o favor divinos. Sara deixa marcas que vão indicar sua disponibilidade e estas marcas são facilmente seguidas por Deus. Os talentos de Sara são adequados para o preenchimento do plano em ação, com apenas alguns toques divinos iria atingir o padrão de maturidade espiritual exigido para aqueles dias. Mas o lado mais polêmico e problemático do diálogo é ser mãe naquele momento de sua vida. A informação lhe provocou reações por estar ciente de suas limitações físicas, ser mãe naquele momento, mesmo ouvindo a voz do anjo do Senhor, não seria para ela um mistério tão simples assim de ser compreendido. Mesmo com todos os encontros com Deus. Sara veio de Ur e em qual o ponto de fixação na história do passado ela poderia se apoiar? O fato de conceber aos 90 anos, era um milagre sem precedentes.

 O certo é que milagres desta categoria são mais bem assimilados quando ilustrados por referências de outros testemunhos de pessoas que viveram a mesma situação e foram bem-sucedidas. Mas o que está para ocorrer na história da família de Abraão é algo novo e incomum, pois até então o texto sagrado não faz menção de outras mulheres que passaram por semelhantes processos. Na verdade, quando se vive em um ambiente de uma promessa que trate de uma gravidez como a de Sara, onde os seus conflitos pessoais giram em torno do problema da esterilidade e idade avançada, este ambiente seria mais adequado se composto de eventos informativos. Ou seja, se Sara tivesse vivido antes de Raquel, Rebeca, Ana ou Isabel e até mesmo o mais grandioso de todos eles, o nascimento virginal do Messias. Apesar de Maria não possuir um ventre estéril o caso envolve a mesma categoria do milagre da vida, provando que para Deus não há nada impossível. Quando então os desafios são precedidos por fatos semelhantes, eles se transformam em símbolos que contribuem no desenvolvimento da fé em Deus,o texto bíblico em Lamentações 3:21 nos diz: "Todavia, lembro-me também do que pode dar-me esperança.".

Se a mente humana é capaz de armazenar 40 milhões de informações, aproximadamente, como cores, fatos, músicas, poesias, sabores, números... Trazer à mente símbolos de esperança processando-os com maturidade para que não se transformem em uma espécie de saudosismo improdutivo, tirando a dinâmica da fé, com certeza não causará dano algum. E o essencial no milagre de Sara é termos sensibilidade de notarmos que ele vai desvendar mistérios valiosos sobre o caráter de Deus, e o seu interesse pela vida em todas as suas etapas, e o tempo que envelhece o corpo subordinado às leis da vida se transforma em uma flecha veloz, lançada das mãos de um guerreiro, que o tempo só forjou sua experiência. Esta mulher de ventre estéril vai se transformar nesta flecha veloz, que se nas mãos de um atirador inexperiente ainda que em sua plena juventude, com todas as condições físicas para ser mãe ela seria uma arma importante lançada de forma aleatória, não atingindo o seu alvo em um momento decisivo da batalha. Mas quem vai atirar não erra o seu alvo, pois esta será uma obra do Altíssimo.

Sara teria que ter força para ver além das possibilidades. O seu tempo de gerar havia passado, ela teve que conviver com o problema da infertilidade em um tempo que as aparências demonstravam somente suas limitações, um agente do céu lhe traz uma mensagem de que ela irá gerar um filho e que seu nome seria Isaque. Surge aqui uma questão da idade de Sara e com toda certeza ela teve todas as razões em criar dúvidas em seu coração quanto às dificuldades da realização deste sonho, pois as regras da natureza são implacáveis em relação às suas leis e Sara tinha dúvidas sobre o seu problema, sendo assim o gerar um filho fora da idade, sofrendo com a infertilidade durante toda sua vida teria que ser um milagre e o anjo deixa muito claro para ela que para Deus não há impossível! Com isso percebe-se que no plano divino a idade de Sara jamais seria o obstáculo para sua gravidez, gerar um filho com a idade avançada é um milagre possível. Sara, no tempo previsto, se torna mãe quando nenhum aspecto da natureza poderia fazer deste sonho uma realidade, ela vive a sensação de ser mãe, de cuidar do pequeno Isaque, amamentá-lo, lavar suas roupinhas, agasalhá-lo, protegê-lo do frio e do calor são detalhes que a idade não lhe impediria de administrar e é por essas e outras razões que se percebe que Sara não é desprovida das qualidades maternais para a educação e criação do bebê. Sua idade é avançada , é o único filho, e este filho tem um valor altíssimo para o Eterno, ele apenas um bebê, mas sua vida será essencial para o formação de um grande povo, e Sara, sua mãe, seria essencial para cuidar dele.

Enxergando além das possibilidades

Existe um aprendizado na história desta mãe que está além do que vemos, que não pode ser visto apenas dentro do contexto do milagre realizado em seu ventre, mas é a percepção das barreiras que estão sendo rompidas quando o eterno constrói a história de uma nação usando métodos diferenciados, confrontando o nosso jeito normal de ver as coisas O casal é idoso, mas o que isso importa para Eterno, que não dimensiona suas operações de acordo com os nossos conceitos? Nesta surpreendente narrativa quem nos surpreende é o próprio Deus, que nos ensina que não existe tempo para manifestações como estas, desde que as bases sejam erguidas com amor verdadeiro, e amar com sentimentos verdadeiros não seria um desafio para esta mãe. Com sua idade apenas aprendemos que não existe um tempo para sonhar, é claro que alguns projetos devem estar adequados a um período ideal, mas Sara nos ensina que o tempo ideal para ser mãe está além das nossas expectativas. O relato da vida de Sara e sua infertilidade se repete. A sua história estabelece uma relação com a história de vida de muitas mulheres atualmente. Ela nos auxilia em nossas reflexões e cria base para o fortalecimento e a cura de muitas outras mulheres, que sofrem com a esterilidade. É claro que nós estamos diante de um enorme abismo temporal, onde mudanças culturais tecem novas formas de pensamentos nas mentalidades, além do avanço científico, que tem dado uma grande contribuição para o problema. Mas com todo o conhecimento acumulado na história das gerações, o homem de modo geral ainda se vê diante de dificuldades que continuam sendo desafiadoras para o pensamento científico, pois a medicina ainda depara-se com barreiras intransponíveis, em algumas áreas da saúde e nesta escalada a infertilidade, em alguns casos específicos, ainda tem sido a causa de uma série de sonhos frustrados entre um número enorme de famílias no mundo. E ainda é a causa de muitos problemas emocionais e psicológicos em milhares de mulheres em toda sociedade, que em alguns casos muitas optam pela adoção de crianças.

Débora Marcondes Farinati, em uma importante matéria sobre aspectos emocionais da esterilidade coloca que: "... ter filhos é uma parte fundamental do projeto de vida da maioria dos homens e mulheres. Para muitos, constitui um passo importante para o alcance da maturidade e desenvolvimento pessoal, além de ensejar o cumprimento de um importante papel social e a não realização deste desejo de maternidade impõe sobre as famílias um importante sofrimento emocional e social".

A intervenção de Deus é possível em casos de infertilidade e não é uma ação incomum. Hoje contamos com uma ciência avançada que tem contribuído para realização de sonhos de milhares de mulheres que se submetem a tratamentos de fertilização e às vezes são pequenas famílias que se multiplicam de uma só vez, e os papais são surpreendidos com a chegada de um, dois, três e já ouvimos casos de até seis bebês, mulheres em várias faixas de idade hoje se realizam e se tornam mães. Não existe idade para ser mãe na sociedade moderna. Muitas avós se tornam mães por motivos de trabalho dos filhos e por tantas outras razões peculiares de nosso tempo, elas cuidam dos netos dispensando o mesmo amor que não se desgasta com o tempo.

A mão do Senhor tocou milagrosamente no ventre de mulheres que não podiam gerar filhos. E Deus lhes trouxe a alegria de conceber e gerar muitos filhos. Como ocorreu com Ana que pôde expressar em 1 Sm 2.5 "A que era estéril deu à luz sete filhos, mas a que tinha muitos filhos ficou sem vigor".

O certo é que existem propósitos na construção da história de vida de cada um. E algo assim é firmado à medida que encaramos a nossa jornada. E é dos projetos destas jornadas que normalmente costumam surgir a necessidade de um Isaque. E todo Isaque é fruto de uma vida com propósito, e o agir do Eterno fixa-se sempre em propósitos. E propósitos com Deus, que estejam relacionados à vida são pontos de atração de milagres. Sempre que as pessoas se posicionam assim, grandes coisas acontecem.

A sensibilidade pela vontade do Altíssimo é que vai evitar que não cometamos os inevitáveis erros de jornada. Portanto assim, como foi com Sara, que encarou sua jornada mesmo sendo estéril e idosa, o amor do Eterno a beneficiou. O mesmo Deus continua mantendo seus cuidados sobre a vida das muitas mulheres, que confiam no seu nome e se deixam descansar por sua palavra. E é correto dizer que: sempre que nos projetamos nos ambientes agradáveis de seu querer, gozaremos da alegria de deleitarmos em seus campos verdejantes um lugar de refrigério para alma.

Salmo 23.2 "Em verdes pastagens me faz repousar e me conduz a águas tranquilas".

A mãe de Lemuel
Conselhos de uma mãe para uma vida bem-sucedida!

"*Ditados do rei Lemuel; uma exortação que sua mãe lhe fez: "Ó meu filho, filho do meu ventre, filho de meus votos, não gaste sua força com mulheres, seu vigor com aquelas que destroem reis. "Não convém aos reis, ó Lemuel; não convém aos reis beber vinho, não convém aos governantes desejar bebida fermentada [...]*" (Provérbios 31.1-4)

Contexto Histórico

O caráter é firme. Os traços que definem a forma do seu discurso deixam nas entrelinhas, com clareza e eficiência, a imagem de uma mãe possuidora de uma personalidade marcante, forte e aparentemente influente, pois sequer se percebe indicativos que a identifiquem como uma figura neutra e sem presença no âmbito de suas atribuições.

A impressão digital do caráter da mãe do rei Lemuel está claramente marcada no texto de Provérbios, o peso de suas expressões sinalizam o seu modo de pensar e se relacionar com a vida. Em um estilo de linguagem que transborda amor e interesse pelos bons princípios e na preocupação com estilo de vida de seu filho.

Quem avisa, amigo é

As fraquezas humanas que normalmente decidem as histórias de vida dos homens é a espinha dorsal do seu discurso. Sua visão de mãe experiente estava treinada na observação dos relacionamentos humanos destrutivos, que evoluem e se transformam em um emaranhado de crises entrelaçadas que afloram em uma cadeia de acontecimentos, com uma sequência incontrolável e consequências tão graves que mesmo com a intervenção divina, as cicatrizes são inevitáveis. É clara sua preocupação com os conflitos que podem surgir como fruto de relacionamentos destrutivos, na proporção que alguém se entrega às práticas de uma vida sem equilíbrio de comportamento. Ou seja, a mãe deste rei é capaz de perceber por experiência de vida os métodos e estratégias do predador de reis, e deste modo procura lhe indicar a posição do laço do passarinheiro.

Ela não se envolve em questões administrativas. Não é difícil deduzir que para a discussão destes temas houvesse um imenso número de ministros e conselheiros à sua disposição. Cada um deles em condições de administrar com eficiência sua área de trabalho. E ainda com a ressalva de que este rei era amigo do rei Salomão, filho do rei Davi, o que nos faz acreditar que o seu país gozava de um período de prosperidade devido a estabilidade das nações durante estes dias. Portanto, ela se limita a direcionar os conselhos ao seu filho, tratando apenas do cuidado que ele deveria ter com suas relações.

A sua fala contém elementos que exigiam, de certa forma, a assimilação e o reconhecimento da autoridade e influência materna que esta mãe exercia sobre seu filho, uma mãe que é capaz de atingir no decorrer de sua vida um índice no relacionamento com o filho e principalmente quando ele é um rei. Dá-nos abertura para caracterizar que este diálogo possui elementos indicadores de um altíssimo nível de liberdade, que resulta de uma dedicação realizada ao longo da vida, não podendo ser produto do acaso.

Ela descreve com habilidade as complicações que podem surgir de um relacionamento com alguém mal intencionado. Não se limita a abordar as dificuldades que a ingestão de bebida forte pode causar e no final o incentiva a cuidar dos fracos.

A categoria dos conselhos possui detalhes de possíveis dramas que podem surgir do relacionamento com mulheres mal intencionadas e a sua preocupação fica claramente em evidência quando no seu discurso ela lhe aconselha a ter cuidado para não entregar sua força a estas mulheres, e o alerta a ser criterioso. E ela bem sabe por vivência que o relacionamento com uma mulher de má índole, com um poder de persuasão necessário para conseguir extrair dele sua força pode deixá-lo vulnerável e à mercê de perigos iminentes.

Esta mãe vive em um estado de tanta sensibilidade e ao mesmo tempo é tão atenciosa que trabalha com uma espécie de prevenção. Ela sabia, por experiência, que existiam mulheres que concentravam seus esforços exatamente na destruição de reis. São expressões de um peso notável, e talvez para tantos outros, estão fora do contexto de época, mas que procedem dos lábios de uma mãe que entendia que neste mundo nem todos os erros de percurso oferecem chances de recomeço. A vida havia lhe ensinado que existem perdas que nem a entrega de todo tesouro real é capaz de devolver, um tempo de paz na nação às vezes se negocia com o pagamento de tributos ou estabelecendo segurança nas fronteiras, mas a paz de espírito só uma consciência saudável pode conceder.

Ela reconhece a fragilidade humana, mas também sabe que o mundo é complexo, portanto ele pode ser bom, e contém todos os recursos para uma vida de excelência, mas é na complexidade das manifestações de um mundo bom é que o mal também existe e está presente em todas as camadas sociais, por mais que existam pessoas verdadeiras que podem compartilhar conosco de nossos sonhos, assentar-se à nossa mesa de jantar, participar do nosso lazer. A mãe de Lemuel equilibra a visão como se estivesse dizendo: cuidado com seu coração, com suas ilusões, cuidado com suas fantasias, com seus desejos, porque nem tudo que é belo pode ser bom para você, portanto tenha cuidado com suas escolhas.

O relato de relações com pessoas más e mal intencionadas não é uma novidade bíblica ou da era virtual, nos desdobramentos históricos das relações humanas de conquistas românticas por interesses escusos, contêm narrativas extraordinárias de pessoas que usaram do *status* social, da aparência e da arte da sedução para arquitetar planos maldosos contra vítimas em um estado vulnerável de sensibilidade. É comum que carência e solidão sejam os estados emocionais mais apropriados de homens e mulheres que se entregam a estas aventuras amorosas e que normalmente, no final, a tragédia se transforma em realidade, destruindo sonhos e marcando vidas para sempre.

 A abordagem parece se orientar pela lógica de uma mente radical, pois a classificação de seus pensamentos expressos na sua fala, se aplica em dosagens enormes de juízo de valor com respeito a alguns comportamentos humanos. As linhas do texto reforçam a natureza da qualidade do seu timbre de voz que não se deixa estremecer, quando ela lhe orienta a ser cauteloso com as mulheres não permitindo a elas lhes entregar sua força e os seus caminhos.

 O texto sagrado no livro do profeta Isaías no capítulo trinta e nove narra um interessante e dramático episódio envolvendo o sábio profeta Isaías e o piedoso rei Ezequias. Nesta ocasião o rei foi surpreendido pela visita do profeta em seus aposentos reais, logo após a partida de um grupo de visitantes enviados pelo rei da Babilônia, como um exercício de política de boa vizinhança em uma demonstração de apoio por ocasião de sua doença. Eles eram políticos tão habilidosos e tão intensos na prática da diplomacia que trouxeram uma carta do rei Merodaque da Babilônia, bem como alguns presentes para Ezequias. Realmente, diante de personagens tão expressivos e tão bem articulados, torna-se difícil pensar com a razão e não se empolgar com a força da presença de pessoas de um país distante, mas uma grande potência, e com muitos mistérios. É a força do que os visitantes representam, sua influência, poder de persuasão que fizeram o grande monarca estremecer o coração e deixar de agir com a razão, o que poderia ser um encontro diplomático se transformou em uma ponta do iceberg de uma tragédia em um futuro breve.

Assim que estes interessantes visitantes se retiram da casa do rei, o profeta chega na residência real, agora não veio com o propósito de orar por ele, mas veio saber de onde vieram e se o rei anfitrião não havia se empolgado além dos limites, a ponto de ter deixado vazar alguns segredos de sua casa.

E o profeta realmente estava correto em suas dúvidas, o que ele mais temia foi o que aconteceu, os visitantes ganharam o coração do rei e ele quebrou o código de segurança e dissipou a estabilidade do seu futuro. Ele abre seu diálogo com alguns questionamentos e perguntas que a princípio nos parece bastante inconveniente.

Sem antes dar as razões, o profeta indaga ao rei sobre a origem dos visitantes, o que vieram fazer em sua casa e, por fim, o mais importante, ele pergunta se o rei havia lhes mostrado algum detalhe de sua casa. O rei responde ao profeta com muito cuidado e reverência a respeito da origem, o que fizeram, e ainda acrescenta que não ficou um detalhe em suas dependências que ele não havia mostrado a estes curiosos visitantes. O profeta se mostra indignado com a postura do rei e lhe adverte sobre o quanto ele havia sido ingênuo, por simplicidade ou arrogância, ele se expôs aos visitantes permitindo que conhecessem cada detalhe de sua casa. Nenhum segredo havia em seu reino que eles agora não conhecessem.

A advertência do profeta parte de um simples princípio, foi um erro abrir sua intimidade tão intensamente a pessoas que mal conhece e que ainda não tem um relacionamento para entender quem são e do que são capazes.

— Agora eles vão voltar - disse o profeta - e vão levar todo o tesouro de sua casa.

O desfecho deste impressionante acontecimento é uma contribuição na construção do pensamento e da exposição da mãe de Lemuel, sobre o quanto ele deveria ser cuidadoso com certos relacionamentos.

Pois quem consegue entender o que está por traz da intenção das pessoas e os mistérios da arte da interpretação no teatro da vida real? Existem pessoas que na realidade, são atores tão bons que são capazes de realizar cenas de que ama e oculta o ódio por traz da retina dos olhos, nesta arte, desenvolvem qualquer tipo de personagem de acordo com seus interesses pessoais. Eles interpretam desde o papel dos anjos até os demônios. Como anjos são capazes de nos arrebatar com histórias de suas aventuras celestiais, como demônios nos aterrorizam materializando em nós a sensação e o terror das chamas do inferno.

A Bíblia possui um exemplo de um relacionamento muito mal sucedido no livro de Juízes 16.4-21, entre dois personagens históricos, Sansão e Dalila que não tiveram um final feliz como é comum acontecer nas histórias dos romances medievais ou nos filmes de TV. A Bíblia trata com um notável senso de responsabilidade, o processo que conduz um relacionamento que pode possuir ares de ser apenas mais uma faísca de uma grande paixão passageira, somando em outra aventura amorosa que pode desencadear uma série de efeitos desastrosos, dependendo do grau de responsabilidade dos personagens no ambiente familiar e na comunidade que estas pessoas estão inseridas .É uma história impressionante e já se transformou em temas de muito filmes e livros. Ela abarca com lances impressionantes a história e a carreira meteórica deste jovem e forte herói dos judeus, chamado Sansão. Se levarmos em conta suas condições saudáveis relacionadas à força e unção especial dadas pelo Senhor, podemos deduzir que ele encerrou sua carreira com a criação de episódios que absorveram talvez as melhores oportunidades que alguém de uma força tão incomum, como ele poderia ter alcançado.

Todas as conjecturas que criarmos sobre os possíveis êxitos e o caminho de sucesso que Sansão poderia ter trilhado, caso ele tivesse compreendido melhor o seu futuro e seus deveres como um escolhido do Senhor, o que daria a ele a estabilidade necessária à manutenção das fontes responsáveis pela presença máxima de sua força especial.

Se pensarmos que ele poderia ter derrotado seus inimigos sem ter necessidade de sacrificar sua vida junto a eles e que dentro de outras possibilidades ter constituído uma linda família, ter uma mesa cheia de crianças orgulhosas em ouvir as histórias espetaculares das experiências do seu dia a dia. E se fôssemos além na linha do tempo e imaginarmos que ele poderia ter visto seus netos nascerem e as mesmas histórias de suas aventuras serem repassadas com maior entusiasmo do que antes para os netinhos, e ainda seria aceitável criar alguns detalhes a mais a respeito do tamanho do leão e o tamanho da pata do urso. Estas talvez sejam meras especulações baseadas num pensamento de possibilidades absurdas para a história de um grande herói como Sansão.

O mais importante a se pensar é que Sansão dá o parecer de que a partir de algum momento na sua vida ele se perde em suas orientações, o que o levou a comprometer a estabilidade do futuro que o Eterno lhe havia preparado. Este fantástico romance entre Sansão e Dalila produz algumas lições de alto valor, pois Sansão, não conseguindo resistir aos encantos desta linda jovem dos filisteus que ao seduzi-lo descobre o segredo de sua força levando o a seguir em direção ao fim trágico de sua história.

Dalila, no tempo que se relacionou com Sansão conseguiu interpretar o papel de boa moça até descobrir o seu ponto fraco, cujo o segredo estava no seus cabelos, que de acordo com o voto do nazireu não deveria ser cortado e se assim acontecesse o grande herói perderia sua força total, e estaria fragilizado o bastante para perder a luta e ser capturado pelos filisteus. Os erros de Sansão são praticamente o tema dos conselhos da mãe de Lemuel. É bem possível que por serem amigos de Salomão ela também conhecesse bem a história desse relacionamento fracassado. Logo ela previne Lemuel lhe advertindo sobre esta categoria de pessoas que são tão frias em suas atitudes, que estão sempre definindo seus alvos e planejando sua destruição.

Aprendendo com os conselhos da mãe de Lemuel

Cuidado com a força da sedução, esteja atento porque um olhar singelo não descreve na íntegra detalhes internos omitidos no coração de alguém, as pessoas más nem sempre possuem expressões faciais fechadas, nem sempre são aqueles que os consideramos misteriosos, estranhos ,esquisitos, distantes, mal penteados, mal trajados, andar esquisito etc. Da mesma forma os bons nem sempre são os de expressão faciaa doce, comunicativos, sociáveis, prestativos, charmosos, delicados,se vestem bem, usam penteado moderno, roupas de grife, andar estiloso, ou seja, tudo de bom. Mas a mãe de Lemuel é experiente e é categórica ao lhe dizer: "Que direi, ó filho do meu ventre? Que direi, ó filho meu? Cuidado com a mulher que vem para destruir os reis."

Todos os dias convivemos com a divulgação de situações dramáticas envolvendo especialmente jovens, o espírito da juventude e o gosto por grandes aventuras no acelerar do motor numa via a 150 km, nas disputas de rachas, nas acrobacias em cima de uma moto, no salto com *jumper*, no baile funk ou na festa rave e na imoralidade sexual. Os jovens hoje vivem sendo desafiados em todo tempo, as redes sociais funcionam como o melhor meio de introdução em comunidades com práticas estranhas levando muitos ao desconhecido na busca de preencher o seu vazio existencial. O número de jovens desaparecidos entre moças e rapazes que nunca mais retornam aos lares por confiar, se entregar a um amigo virtual marcar o encontro e nunca mais voltar. Estas inúmeras situações e tantas outras no fazem considerar como são necessárias as palavras da mãe de Lemuel. Esta senhora nos remete a imagem de muitas mães modernas, que atuam como grandes conselheiras de seus filhos, biológicos ou não. Assentados em uma mesa ao jantar, em um passeio no shopping, em uma viagem familiar ou na hora de dormir, palavras faladas às vezes com simplicidade, mas de especial valor, palavras que ajudam na definição de critérios para escolha do amigo ideal, no cuidado com imoralidade, no evitar experimentar o primeiro trago, no dirigir com cuidado e respeitar os mais velhos. A mãe do rei ainda fala aos jovens reis desta geração, que muito embora não tenham um cetro ou trono para se assentarem, eles sempre reinarão no coração de uma mãe que não se cansa de amar.

Que o Eterno te engrandeça mãe e te inspire a dirigir palavras sábias aos seus reis e rainhas do seu coração para que encontrem o caminho da bênção e a vida para sempre.

Lia

Desprezada por seu marido, mas honrada com muitos filhos

Contexto histórico

"Quando o Senhor viu que Lia era desprezada, concedeu-lhe filhos". (Gênesis 29.31)

Mesmo vivendo em um ambiente sofrido, Lia recebeu uma compensação mais que relevante: a missão de ser mãe. Conheçamos um pouco sobre ela.

Lia viveu uma história triste. Enfrentou um casamento iniciado por um ato enganoso de seu pai. Jacó era sobrinho de Labão, que era pai de Lia e Raquel. Ele então se apaixona por Raquel e por ela se propõe a trabalhar para seu tio por sete anos, ou seja, ao final dos sete anos ele se casaria com ela. Todavia, Labão engana Jacó e no lugar de Raquel ele entrega Lia, sua filha mais velha, para ser esposa de Jacó. Para ter Raquel, Jacó trabalha mais sete anos para seu tio.

Lia recebeu como marido um homem que não a amava. Esse marido acaba por levá-la a uma vida amargurada. Ela foi infeliz no casamento. Jacó teve sua noite de núpcias com Lia pensando que a mulher com quem estava era Raquel, a quem havia amado no primeiro olhar. Naquela época, os costumes eram totalmente diferentes. Pela manhã, ao acordar e ver que fora enganado, Jacó reclamou com o sogro e recebeu a desculpa de que a irmã mais nova não poderia se casar antes da mais velha. Mesmo assim ele não desistiu e trabalhou por mais sete anos para se casar também com Raquel. Porém, assim que se passaram os sete dias de festa do casamento de Lia, Labão dá Raquel também como esposa a Jacó. Ou seja, ele se casou com as duas irmãs ao mesmo tempo.

Uma mulher amargurada

Com duas esposas e mais duas concubinas, iniciam-se os problemas dessa família. Traição, inveja, desamor e desrespeito entre seus membros marcaram a vida de todos para sempre, principalmente a vida de Lia. O projeto de Deus sempre foi um casamento monogâmico entre um homem e uma mulher.

"Por essa razão, o homem deixará pai e mãe e se unirá à sua mulher, e eles se tornarão uma só carne". (Gênesis 2.24) Quando um homem erra, pessoas sofrem.

Então, a partir desse ponto, Lia é desprezada por seu marido, pois ela não era a mulher que ele amava. Não foi por Lia que Jacó se sacrificou por quatorze anos. Jacó não desejava Lia. Mas diante deste quadro de dor e sofrimento, Deus fez por Lia algo maravilhoso. Ele dá para ela a missão mais honrosa que uma mulher pode ter. O Senhor a escolheu para ser mãe.

Lia nunca foi amada por seu marido, no entanto o Senhor a escolheu para que tivesse muitos filhos, enquanto sua irmã permanecia estéril.

"Quando o Senhor viu que Lia era desprezada, concedeu-lhe filhos; Raquel, porém, era estéril". (Gênesis 29.31) Lia imaginou que ao ter um filho de Jacó, conseguiria conquistar o seu amor. Podemos perceber que um filho faz toda a diferença na vida de alguém. Lia entendia que ter um filho seria algo maravilhoso. Seria uma honra ser mãe.

Apesar de Lia ter começado a vida de casada já dividindo o marido com a irmã e apesar de seus sonhos e ilusões a respeito do amor terem se desvanecido, o Senhor estava sendo bom e justo para com ela. Ele viu o sofrimento dela e, numa época em que a mulher era honrada pela fertilidade, ela teve muitos filhos.

Ao nascer o primeiro, esperou que seu marido a amasse; ao nascer o segundo, esperou que deixasse de ser desprezada; ao nascer o terceiro, esperou que seu marido fosse morar definitivamente com ela.

"Lia engravidou, deu à luz um filho, e deu-lhe o nome de Rúben, pois dizia: "O Senhor viu a minha infelicidade. Agora, certamente o meu marido me amará". (Gênesis 29.32) Novamente, ela deu a luz; e disse:

"Lia engravidou de novo e, quando deu à luz outro filho, disse: "Porque o Senhor ouviu que sou desprezada, deu-me também este". Pelo que o chamou Simeão". (Gênesis 29.33) "De novo engravidou e, quando deu à luz mais um filho, disse: "Agora, finalmente, meu marido se apegará a mim, porque já lhe dei três filhos". Por isso deu-lhe o nome de Levi. (Gênesis 29.34)

O que podemos aprender com o sofrimento de Lia?

Aplicando a história de Lia para as nossas vidas, encontramos dois pontos. O ponto fraco é querer usar a maternidade para despertar "amor" em alguém. O ponto forte é ver que a maternidade veio como honra quando Lia era desonrada.

Portanto, podemos ressaltar que uma mãe nunca deve olhar para o filho como objeto de negociação. Quantas mulheres em nossos dias têm forçado uma gravidez para segurar um relacionamento, tem usado o filho para arrancar dinheiro do pai ou para fazer chantagem emocional. Nenhuma mulher consegue prender um homem ou conquistar seu amor por causa de filhos, então tudo não passa de sofrimento e ilusão.

Muitas crianças têm vindo ao mundo com a missão de manter um casamento que já não existe. Isso não é justo, pois uma criança não pode carregar um peso como este. O resultado disso pode ser desastroso. Um homem não fica com uma mulher por que ela teve um filho seu e, quando fica ,é pelo filho e não pela mulher. Isso vai resultar em um relacionamento de pessoas infelizes ou, pior, os pais poderão olhar para aquele filho como objeto de sua infelicidade. Cuidado!

No caso de um casamento ruim, não será o nascimento de um filho que mudará esta realidade. O casal deve enfrentar seus problemas e resolvê-los, deve investir no relacionamento para que ele melhore e os filhos nasçam como fruto de um amor genuíno e saudável.

No caso de Lia, ao ser obrigada a casar, já sabia que seu futuro estava determinado – um casamento sem amor. Um casamento que começou errado, com motivações equivocadas, não por culpa dela, mas por causa da mentira e traição de seu pai.

Ao invés de usar seu filho para negociações, lembre-se que precisa ensinar a ele como viver, para não cometer erros iguais. Seus filhos devem ver em você alegria de viver, a esperança por dias melhores e não frustração, tristeza e murmuração.

Agora, vamos pensar um no ponto positivo da história dessa mulher.

Depois de tantas decepções e cultivo de falsas esperanças, ela passou a conhecer que só podia esperar em Deus e confiar no Senhor de sua vida. Ele dá a Lia o privilégio de ser mãe. Rejeitada pelo marido, porém mãe. Só mesmo o amor de Deus para fazer com que pudesse ser mãe tantas vezes.

Por intermédio dos 7 filhos que teve, Lia reconheceu que o Senhor se importava com sua vida e que desde o início olhava para ela. Deus compensou a tristeza de Lia com a alegria de ter filhos!

Quando se olha a maternidade como privilégio, percebe-se que os filhos nos dão uma nova dimensão da vida. Um olhar mais resignado, mais compreensivo, mais iluminado, esperançoso e gratificante.

Muitas mães olham para os filhos como peso, como empecilho, olham com tristeza, talvez, por não ter sido amada pelo pai daquele filho. Quem sabe, até mesmo por ter sido abandonada por ele. Mas o filho é dádiva de Deus e não pode ser olhado com ressentimento.

Precisamos pensar que cada criança que nasce é um milagre divino. É o poder de Deus se manifestando através da vida e do corpo de uma mulher. Desprezada por um lado, porém, honrada por outro.

Deus honrou Lia com a maternidade e ainda hoje o continua fazendo isso. Muitas mulheres têm enfrentado o desprezo, sentimentos frustrados, amores não correspondidos, mas vivem a recompensa de ser mãe. Gerar, cuidar e educar filhos é uma honra. Nenhum amor se compara ao amor de uma mãe. Então seja grata a Deus. Seja forte.

Que assim como no tempo de Lia, possamos ver em nossos dias muitas mulheres vivendo a superação de traumas, mas com a consciência e a alegria de ser mãe.

Jeoseba
A força do instinto materno. Mães que salvam

"Quando Atalia, mãe de Acazias, soube que seu filho estava morto, mandou matar toda a família real. Mas Jeoseba, filha do rei Jeorão e irmã de Acazias, pegou Joás, um dos filhos do rei que iam ser assassinados, e o colocou num quarto, junto com a sua ama, para escondê-lo de Atalia; assim ele não foi morto. Seis anos ele ficou escondido com ela no templo do Senhor, enquanto Atalia governava o país". (2 Reis 11.1-3)

Contexto histórico

Recentemente, fazendo a leitura de um texto do rabino Nilton Bonder, impressionei-me pelo modo singelo encontrado por ele para fragmentar o conceito do "ser especial" ou de pessoas que se acham muito especiais. Ele é extremamente sensível ao dizer que o segredo está no ato de estabelecer a nossa habitação onde sejamos alcançados pela bênção e não pela maldição. Este pensamento focaliza o fracasso da missão de um profeta bíblico de nome Balaão, que partiu com a sagaz tarefa de proferir uma palavra de maldição contra os moradores das tendas de Israel no deserto, mas que teve seus planos frustrados pela intervenção do Altíssimo. Com uma inacreditável ação na mente do profeta, Deus converte a palavra de maldição em palavra de bênção.

Os habitantes das tendas de Jacó não imaginavam que se não seriam alcançados pela maldição – e sim pela bênção – simplesmente por habitarem nos limites do acampamento onde as tendas eram fixadas. Assim, Nilton Bonder desmancha com singeleza o conceito de exclusividade individual e nos remete ao pensamento de que o segredo está no ato de habitarmos no lugar certo onde há bênção ao alcance de todos. Assim, nos desdobramentos do tempo, perceberemos que sempre estaremos caminhando sem correr o risco de quebrar a naturalidade da construção de uma história, com a consciência de que onde estamos posicionados, não apenas geograficamente falando, mas também de posicionamentos de vida, é o lugar ideal para alcançarmos o estado de excelência. Enquanto isso, a nossa história se desenvolve de acordo com os desejos do Senhor.

Jeoseba era contemporânea de uma rainha má, cujo nome era Atalia, filha da rainha Jezabel e do rei Acabe, de Israel. Ambos foram pessoas extremamente más, de acordo com as narrativas bíblicas. Essa dupla foi responsável por instalar um aterrorizante período de crises em Israel, trazendo morte e terror sobre nação israelita.

O texto sagrado não descreve as características físicas de Atalia ou se algum dos seus traços físicos a relacionavam com seus pais, mas no comportamento percebemos que ela refletia, em sua imagem e atitudes, os traços da maldade de sua mãe.

Ela encarnava as mesmas características da personalidade fria e sanguinária de Jezabel, que nunca mediu as consequências da perseguição e assassinato de pessoas indefesas, praticados por ela. Os dias sangrentos do reinado de Acabe e Jezabel em Israel novamente ganham vida na memória do povo em Judá.

Atalia chegou a Judá por fruto de uma aliança entre os dois reinos, o Reino do norte, cuja capital era Samaria. Sob a liderança de um homem sem as representações adequadas para o exercício de regência do trono, Ele se identificava com uma espécie de marionete nas mãos de Jezabel, sua esposa. Sem autoridade, ele marca o seu governo com uma margem enorme de situações desastrosas, na maioria das vezes por incentivo de sua esposa. Jezabel era de origem fenícia e participava da regência do reino, criando planos de destruição, atraindo sobre ela a ira do povo e do Eterno. No reino de Judá, a capital era a antiga cidade de Davi, Jerusalém, sob a regência do piedoso Josafá. A aliança de casamento foi formada entre estes dois reinos com a união matrimonial de seus filhos Jorão e Atalia.

A perversa Atalia chega às terras de Judá e, ao que tudo indica, ela trouxe em sua bagagem objetos pessoais como vestidos luxuosos, colares, anéis de pedras preciosas, brincos, braceletes em ouro puro e talvez muitos objetos que lembrassem a Fenícia, terra natal de sua mãe, inclusive seus costumes religiosos.

Com o desenvolvimento dos fatos em Judá, as evidências provam que ela também trouxe consigo uma pesada bagagem na alma, um fardo contendo itens corrosivos e nocivos a vida humana. Em sua bagagem da alma ela trouxe um caráter de outra alma errante, e quando fosse necessário, ela usaria isso para que as pessoas se lembrassem da maldade de Jezabel. Atalia não estabelecia limites para sua frieza na alma, desejava tomar o trono de Judá e ordenar a morte dos inocentes sem expressar o mínimo de arrependimento. O peso de sua bagagem seria um fardo insuportável para os indefesos, pois as medidas do peso da herança horrorosa do caráter deformado de sua mãe que a equipava com os mesmos elementos pessoais do comportamento da rainha Jezabel. E Atalia, na arte de interpretar no palco da história o papel da mãe, demonstra ter sido uma aluna nota dez, pois em Judá ela provou ter feito seus deveres de casa com excelente classificação.

Mas, ao ordenar a morte dos familiares de Davi, ela não contava com a presença de Jeoseba, que surge no âmago do furacão, em meio a tormenta, no encontro dos dois ventos de temperaturas opostas, provocadores de destruição. Jeoseba surge e, num lance inexplicável, ela tira um bebê da tempestade. É nessa hora que se entende o porquê de, dentre todos os dons que podem se manifestar neste mundo, o apóstolo Paulo disse que o maior de todos é o amor.

Jeoseba reforça a ideia do quanto é importante se manter perto das moradas de Jacó, fora do alcance da maldição das muitas Atalias que surgem no dia a dia dispostas a destruir a família.

Estar presente na hora certa deu a ela acesso ao pequeno Joás, e assim pôde livrá-lo da morte na última hora. Jeoseba se torna uma mãe adotiva para Joás. Na fuga, leva o bebê para o templo, onde o seu esposo Joiada ministrava como sacerdote. Durante os próximos sete anos, este casal o mantém escondido no templo em um de seus compartimentos.

Quem melhor do que a sua salvadora para guarda-lo em segredo e protegê-lo da perversa Atalia? Como consegui manter o segredo, por sete anos, mesmo com o menino crescendo tão perto da casa real?

A hora da decisão de Jeoseba

Pensar nos cuidados que esta criança deveria receber sabendo que era último de uma linhagem real e dimensionar o valor dessa vida, nos leva a imaginar um período de grandes preocupações com o menino que, de certo modo não poderia ter uma vida normal como as outras crianças de sua época. Como seria para ela o processo da amamentação e os cuidados com a saúde do bebê, até que chegasse o tempo de ele ser ungido monarca de Judá e a nação se ver livre da rainha má? Mas tudo isso se tornou possível pela força de Jeoseba, sua coragem, além do seu livre-arbítrio, que deu a ela poder de escolha entre salvar e não salvar, entre deixar viver ou permitir que a criança morresse e nunca mais ninguém tocaria no assunto, afinal de contas foi decisão do sistema e a única culpada seria Atalia. Jeoseba não apenas salva o bebê e o esconde no templo, mas torna-se mãe daquela criança e com muito amor cuida dele até o fim.

E se ela não o salvasse quem o salvaria? É óbvio que pelas decisões do Altíssimo se não fosse por ela por outra seria, mas Jeoseba ama com liberdade e sua liberdade está acima do conceito comum de ser livre porque em seu coração ela absorve a mesma medida do amor de mãe. Este é o ingrediente que dá maturidade ao seu amor para enfrentar o cárcere gerado pela fúria de Atalia, e lhe permite ser capaz de renunciar ao seu estilo de vida e talvez gastar a maior parte de seu tempo com o garoto.

Os frutos da decisão de Jeoseba

Jeoseba é uma mãe que, apesar de pouco citada na Bíblia, nos faz perceber o quanto as sentenças malignas destinadas a destruir uma vida perde o seu efeito quando não nos deslocamos para muito longe e não interrompemos o fluxo natural da construção de nossa história.

Esta mulher não era mãe do pequeno Joás, futuro rei de Judá e o único sobrevivente de uma série de assassinatos efetuados com o propósito de extinguir a família de Davi. Seu reconhecimento no texto bíblico não se aplica por nenhuma manifestação de dons naturais ou espirituais; o autor não se refere a sua beleza física ou aos seus dotes culinários; não se sabe se ela era uma mulher polêmica, de temperamento forte ou uma pessoa amigável. Mas ela é referência de uma mulher que consegue explorar os profundos poderes da alma alojados no coração e na mente, moldando o mundo ao seu redor, que não precisa de uma intervenção angelical para que ela compreenda qual o seu lugar na história, nem do Altíssimo ter que lhe dar explicações detalhadas sobre qual estratégia criar. A dinâmica que ela cria no ato de aparecer no olho do furacão, na hora que os assassinatos aconteciam, nos faz criar uma imagem de algo que funciona como uma extensão do braço do Eterno que se estende na criação de um recurso imediato e salvar um indefeso na hora exata.

O que Jeoseba nos ensina hoje?

Jeoseba nos ensina que não é sempre que se consegue prever a tempestade, mas que é preciso viver um dia após o outro, porque nem sempre a ausência de nuvens no horizonte durante o dia é um sinal de que a noite não possamos ser surpreendidos por grandes tempestades destruidoras. Jeoseba é o símbolo da mãe que explora as benesses dos projetos urgentes de milagres diários que criam mecanismos instantâneos de livramentos surpreendendo a progressão do mal.

Jeoseba faz referência a mãe que não espera o parecer profético sobre a dificuldade e o futuro dela ou da criança, se ela irá conseguir escapar ou não. Porque o amor de uma mãe sabe que na vida, nem sempre é possível esperar o parecer dos profetas ou por alguma ação miraculosa. Porque a força que a impulsiona já faz parte de um mover do altíssimo. É um sentimento que às vezes prevê dificuldades e comumente se antecipa com uma visão de presságios e conta o tempo de forma regressiva e sabe que também às vezes o agir na hora certa culmina no selar o destino de uma vida, portanto o amor de mãe percebe que em algumas dimensões ele é forte e rígido e ele mesmo produz o impossível.

Jeoseba traz em si a imagem de mães que vivem um dia após o outro, ela possui mobilidade de produzir milagres diários moldando a realidade de seus próprios filhos biológicos quando os tem, mas que possui a grande marca de uma mulher que vive atenta aos perigos que cercam a vida de tanto outros indefesos neste mundo tão cheio de injustiças, onde crianças são abandonadas todos os dias sem que por elas seja expresso qualquer tipo de sentimentos de compaixão pelos seus progenitores, são largados em noites frias, em dias de chuva ou calor, em sacos plásticos, nas portas das residências, dentro de hospitais. E ainda existem aqueles que perdem seus pais como Joás perdeu por violência, por acidentes ou doenças; acrescentamos com pesar a estas situações as crianças abandonadas nos campos de refugiados das guerras modernas.

A guerra do Iraque tornou-se um conflito que colocou fim em milhares de histórias de vida. Famílias inteiras foram destruídas, e foi durante este conflito que algumas freiras encontraram duas crianças dentro de uma caixa de sapatos e as levaram para um orfanato onde elas permaneceram por um tempo. Ambos possuíam uma grave deficiência física. Mas um dia que para muitos seria um dia normal, para aqueles meninos o Eterno reservou-lhes uma grande surpresa:

A visita de uma mulher australiana muda a história de Emanuel Kelly e de seu irmão, quando ela se apegou aqueles meninos e os adotou, levando-os para a Austrália. Esta sim, é a grande medida do amor de uma mãe que é capaz de mudar histórias de vidas, assim como fez Jeoseba.

Pois esta geração também tem sido uma geração produtora de mães que buscam, que salvam, que saram, dão roupas, alimentam, constroem orfanatos e levam para escola. Jeoseba é a mãe que protege o menino, seja de uma queda no andador à tentativa de tirá-lo das mãos do inimigo. Mães que lutam todos os dias contra o problema com entorpecentes e bebida alcoólica que assim como Joás podem se transformar nos pequenos príncipes e princesas de nossa geração. Que o Eterno esteja concedendo a todas as Jeosebas desta geração estratégias de livramentos para os muitos Joás que se encontram em perigo!

Viúva endividada
Uma mãe em desespero na busca de uma resposta

Certo dia, a mulher de um dos discípulos dos profetas foi falar a Eliseu: "Teu servo, meu marido, morreu, e tu sabes que ele temia o Senhor. Mas agora veio um credor que está querendo levar meus dois filhos como escravos". Eliseu perguntou-lhe: "Como posso ajudá-la? Diga-me, o que você tem em casa?" E ela respondeu: "Tua serva não tem nada além de uma vasilha de azeite". Então disse Eliseu: "Vá pedir emprestadas vasilhas a todos os vizinhos. Mas, peça muitas. Depois entre em casa com seus filhos e feche a porta. Derrame daquele azeite em cada vasilha e vá separando as que você for enchendo". Depois disso, ela foi embora, fechou-se em casa *com seus filhos e começou a encher as vasilhas que eles lhe traziam. Quando todas as vasilhas estavam cheias, ela disse a um dos filhos: "Traga-me mais uma". Mas ele respondeu: "Já acabaram". Então o azeite parou de correr. Ela foi e contou tudo ao homem de Deus, que lhe disse: "Vá, venda o azeite e pague suas dívidas. E você e seus filhos ainda poderão viver do que sobrar".* (2 Reis 4.1-7)

Contexto histórico

Eliseu foi discípulo de um dos maiores profetas de Israel, sua vida foi marcada pela realização de diversos milagres. Neste período ele havia assumido o lugar de seu mentor, o profeta Elias, que segundo o texto sagrado havia cumprido sua missão e na descrição de um dos maiores milagres da Bíblia, Deus, em um processo chamado de arrebatamento, que seria uma espécie de rapto, o levou para si. Assim, coube ao profeta Eliseu cumprir o restante de sua missão em Israel. Guerras internas e conflitos internacionais, fizeram parte deste contexto, algumas sérias dificuldades trouxeram dias extremamente difíceis para a nação, a fome, seca, reis e rainhas violentos e gananciosos compunham o cenário de injustiças e crueldade daquele período, os profetas foram designados como porta-vozes do altíssimo, que ministravam contra as injustiças cometidas por maus governantes. Por mais sombrios que fossem aqueles dias, os profetas foram capazes de ministrar uma mensagem de esperança ao povo injustiçado ao mesmo tempo que convertia sua palavra em uma mensagem de juízo contra líderes maldosos e profanos que não conseguiam se enquadrar dentro do princípios da obediência ao Deus de Israel aplicados a lei de Moisés. Estes profetas segundo a Bíblia possuíam poderes sobrenaturais para realização de grandes milagres o Senhor os revestiu de poder, de uma graça especial com propósito de fazerem diferença naqueles dias. O milagre possui o seu lado didático e nunca ocorre sem uma razão de ser. Assim os profetas marcaram épocas dedicando suas vidas na defesa de uma nação oprimida, e na promoção dos ensinamentos Divinos.

Um problema que parecia sem solução

Havia naquele período algumas organizações que atuavam na área de formação de profetas, seria uma maneira de garantir a continuidade do ministério profético em Israel, e pelas indicações do texto bíblico um dos discípulos de uma destas escolas de profetas havia falecido, e é possível perceber que ele havia sido discípulo do profeta Eliseu. Este homem morreu deixando uma viúva e dois filhos, e não deixou nenhuma herança considerável.

Naquele período ainda não existia planos de previdência e, para tornar a situação ainda mais delicada, o falecido antes de morrer havia contraído uma dívida considerável a ponto de, depois de sua morte, o homem a quem ele devia veio bater em sua porta e cobrar a dívida da viúva. Esta pobre mulher não possuía bens materiais para pagar sua dívida, aparentemente não havia nenhum parente ou amigo mais próximo que pudesse assumir o problema. E pela informação do texto o credor não estava disposto a perdoar a dívida.

De acordo com a lei hebraica um credor poderia levar o devedor e seus filhos como escravos, mas não deveria tratá-los como escravos, essa era a única forma que esta mãe teria para pagar sua dívida: entregar ao credor seus dois filhos como pagamento da dívida gerada por seu esposo falecido.

Não temos como censurar o credor e muito menos atribuir algum juízo de valor quanto ao fato de seu esposo morrer sem ter tempo para pagar o que devia. Muitos veem o credor como o vilão desta história, mas é preciso pensar sob a ótica de quem, por alguma circunstância da vida, precisou de um empréstimo, sendo que não temos ideia do que foi combinado entre eles, como julgar o esposo que morreu e que provavelmente não esperava morrer e deixar sua esposa e filhos em dificuldades. Até porque não é este o objetivo do texto, em contrapartida nós temos uma lei no sistema de leis hebraicas que dava plenos direitos ao credor de mover a ação contra esta mãe endividada e levar os seus filhos como pagamento e transformá-los em servos.

Não é possível prever as tragédias da vida por mais que as coisas pareçam estar em perfeito andamento, tudo pode mudar do dia para a noite e nem sempre estamos preparados para enfrentar certos desafios que surgem no decorrer de nossa história. As dificuldades não escolhem classes sociais, não escolhe raça ou cor, qualquer família pode sofrer com os dramas da vida e de repente não ter o que fazer, pois existem muitos dramas que aparentemente não possuem respostas claras, o que às vezes faz gerar em muitas pessoas a ideia de que a vida e o próprio Deus é injusto porque o mal também atinge a casa dos bons, como atingiu a casa dessa mãe que perdeu o seu esposo e ainda contraiu sua dívida.

Segundo a informação do texto o moço era bom, era discípulo do profeta e, é claro, acreditava na justiça. Em um mundo tão escasso de pessoas boas cujas vidas são profundamente importantes não apenas para os seus familiares, mas para todos que desfrutam de alguma forma de sua existência. Este pai se foi e não há explicações de como esta tragédia ocorreu.

Mas o amor de mãe é um sentimento criativo e acredita nas possibilidades, ela não tinha recursos para apelar a uma possível abertura na lei, a dívida era real e não apenas um sonho ruim, e o credor veio cobrar o que lhe deviam. A Bíblia não declara abertamente o nome do falecido, mas no diálogo da viúva com o profeta ela relata que seu esposo era servo do profeta, ou seja, seu marido falecido provavelmente fazia parte do grupo de discípulos de Eliseu. O profeta era um homem justo, não é possível entender qual seria a sua expectativa quando ela aborda o profeta, relata sobre a morte de seu esposo, mas faz uma observação de que seu marido era servo de Eliseu e conclui relatando a repeito da dívida e do problema com o credor. O profeta não faz nenhum questionamento não faz nenhuma observação quanto a dívida deixada pelo seu discípulo e sequer faz algum apontamento em relação ao credor que veio reclamar seus direitos, ele bem sabia que não havia argumentos terrenos que pudessem evitar que o cobrador pudesse levasse os seus filhos. Eliseu deixa claro por suas ações que dentro de um ambiente natural na ordem do sistema normal dos acontecimentos, que se não for pela ação de um milagre esta mãe com certeza terá que entregar o seus filhos ao credor, e como ele não poderia considerar justo um milagre em tais circunstâncias sendo que o seu esposo era um homem justo? Ela não tinha tempo ou outra opção para levantar recursos em outro lugar, este milagre não pode ser banalizado como muitos querem torná-lo a ponto de imaginarem que o Senhor é obrigado a pagar suas dívidas, mas pela reação de Eliseu o questionamento da viúva tem fundamento pela história de vida de seu esposo. Obedecendo alguns princípios de milagres operados por Deus, o processo do milagre realizado pelo profeta se inicia partindo de alguma coisa de dentro da casa da viúva, normamente esta ação se ajusta a narrativa de vários milagres bíblicos, como por exemplo, o primeiro milagre de Jesus realizado em um casamento quando ele orienta aos garçons que colocassem água nas talhas, pois ele iria transformar água em vinho. Este milagre se inicia a partir da água nas talhas, o mesmo princípio se aplica no milagre da multiplicação dos cinco pães e dois peixes que, ao se multiplicar, alimentou uma multidão de milhares de pessoas. Seguindo o mesmo princípio, o profeta estabelece a linha para o início do processo do milagre ao ouvir esta mãe desesperada que se via prestes a perder os seus filhos ele lhe faz a seguinte pergunta:

Que te hei de fazer? Dize-me o que tens em casa. E ela disse: tua serva não tem nada em casa senão uma botija de azeite.

A solução veio do céu

O problema financeiro desta mulher a submete a uma crise sem precedentes, seu diálogo com o profeta traz uma demonstração de seu desespero para não sofrer a dor de ver os filhos sendo levados pelo credor, ela busca ajuda em alguém em quem o seu marido naturalmente também confiava. Não é possível entender se o que ela buscava de Eliseu seria exatamente um milagre, mas o que existia de fato era uma lei a favor do credor e uma péssima situação financeira que não lhe dava condições de pensar em um futuro melhor para ela e para os teus filhos. O início da fala do profeta não foi muito animador. Ele inicia sua fala lhe fazendo uma pergunta diante do seu drama; "que te hei de fazer?" perguntou ele. Como se ele quisesse deixar a impressão de não estar entendendo a razão do seu questionamento a ele. Por que ele não vai direto aos detalhes que iriam proporcionar o milagre, tenho uma impressão de que neste momento, por mais que ele soubesse da dimensão do seu problema ele ainda dá uma ideia pelo teor de sua pergunta sobre o que ele podia fazer por ela de forma muito sutil, talvez ele quisesse explorar dela alguma solução, como se ele dissesse: "você tem alguma ideia do eu posso fazer por você?".

É preciso pensar que Deus pode fazer prosperar um bom plano, a vida pode se complicar quando nos permitimos viver a mercê dos acontecimentos, um dia bem ensolarado pode significar uma chave de inspiração para a realização de grandes milagres, mas que se iniciam com pequenas ideias. Tudo bem você estar com muitos problemas, seu marido morreu, você esta muito endividada e o credor quer levar os seus filhos, mas o que eu posso fazer por você?

A inteligência bíblica se aplica exatamente nestes pormenores, Deus aumentando em grande proporção o que temos em poucas quantidades é praticamente um exercício de parceria, o melhor lugar para fazer produzir o início de um grande milagre é na própria mente.

O que você tem em casa? perguntou o profeta.

Não tenho nada em casa a não ser uma botija de azeite, respondeu a viúva.

Praticamente o profeta mostra com muita convicção, que o milagre irá acontecer e este milagre necessariamente teria que estar relacionado a algo que ela possuía dentro de casa, e o que ela possuía era apenas uma botija de azeite. A questão é esta, o Eterno vai fazer multiplicar o seu azeite; porém se seu o azeite for multiplicado e ela não tiver vasilhas suficientes para conter o azeite multiplicado, então peça vasilhas emprestadas aos seus vizinhos. Os processos existentes neste acontecimento são de ações interligadas, não há uma evidência no texto de um mover solitário de nenhum dos personagens, há um envolvimento de vidas, e todos devem ser beneficiados, ela procede de acordo com as orientações de Eliseu após pedir as vasilhas emprestadas aos vizinhos, o milagre acontece em sua casa, até que não houvesse mais nenhuma vasilha para encher.

O profeta dá a entender que sua participação na vida desta mulher encerrava-se na última gota de azeite derramado na última vasilha que estava em sua casa e deixa claro que a partir de agora é com você. Eliseu lhe orienta a vender parte do azeite multiplicado, pagar sua dívida ao credor, eliminando assim a possibilidade de perder seus filhos e a partir do pagamento da dívida ela poderia viver do restante, é notável perceber a simplicidade dos recursos bíblicos para solucionar os problemas de seus personagens. Como pessoas simples e problemáticas com todas as razões, com todos os motivos para a autoextinção foram alcançadas com novos propósitos alterando o curso de sua história. Nesta narrativa nos deparamos com uma mãe viúva e endividada, mas preciso pensar que por mais difícil que estivesse sua vida naquele momento ela ainda possuía uma vasilha de azeite e, na verdade, nem sequer se sabe como ela adquiriu este pouco de azeite em sua casa, mas estas poucas coisas que muitas mães possuem, nas mãos de um Eliseu ganham evolução.

Nem sempre fazer multiplicar o pouco está relacionado com um mover sobrenatural, mas esta exploração dos relacionamentos confiáveis, nos braços protetores de alguns familiares e amigos na possibilidade de usar pequenas mas ideias inspiradoras que se tornam em grandes milagres.

Vender o azeite e viver do resto. Pense que o Pai apenas aumentou o que ela já possuía, mas administrar a venda, pagar a dívida e ter condições de sobreviver do restante seria responsabilidade da viúva. Esta linda história nos ajuda a pensar que a solução para muitas crises pelas quais passamos pode estar mais perto do que imaginamos, o segredo está no ato de fazer multiplicar o pouco.

Aprendendo com a viúva endividada

Este mundo está repleto de muitas histórias e todas elas nos proporcionam tipos de lições diferenciadas, mas as lições que mais nos marcam são histórias de superação de pessoas que se reergueram do nada, temos no texto bíblico a história de uma mãe viúva, endividada que de repente se transformou em uma pequena empresária do azeite, são pequenos passos de criatividade que às vezes fazem a diferença. Esta viúva que possuía todos os motivos para se lançar em um abismo emocional, entregar seus filhos ao credor viu a possibilidade de mudar sua história, mas o que mais me chama atenção é que grandes milagres começam com elementos tão simples, que às vezes menosprezamos o seu devido valor.

Recentemente ouvi uma história de uma mãe que no pequeno espaço do seu terreno plantou alguns anos atrás um pé de uma fruta chamada carambola, ela sempre cuidou de seus dois filhos sem o auxílio de seu companheiro, mas ela conseguiu superar suas dificuldades vendendo as frutas cultivadas em seu quintal levantando cedo e colocando-as em um pequeno cesto, passando de casa em casa e oferecendo as frutas aos vizinhos a dez centavos cada uma. Ela foi capaz de uma grande realização:

"De construir uma pequena casa apenas vendendo carambola". Hoje ela não mais vende as frutas nas ruas, pois o seu filho ao completar dezoito anos assumiu a responsabilidade de cuidar do lar.

Lembro-me do modo como minha mãe fazia multiplicar as coisas em nosso lar, com pequenos retalhos e uma máquina de costura a pedal ela criava desde colchas de retalhos, nossas camisas de uniforme de escola, roupas de ir à igreja e tapetes para a sala. Me emociono quando me lembro dela no ato de dividir um pequeno pão com toda família de modo justo e não permitia reclamações. Ela era capaz de usar um martelo de bater bife, quebrar uma bala e dividir com cinco crianças.

A história da viúva nos auxilia na referência de muitas mães que no dia a dia superam grandes dificuldades, mães que de certa forma se esforçam e superam crises. Nos dias atuais nos vemos diante de uma sociedade complexa e confusa e cuidar de uma família não é um processo muito fácil, mas não é impossível. É claro que não contextualizamos nos moldes da legislação hebraica como aquela pobre viúva, mas não são poucos os desafios que às vezes forçam uma mãe a ter que se desdobrar em determinadas áreas, profissionais e domésticas, para contribuir com bem estar do lar, hoje há um número cada vez maior de mães que precisam ser criativas no sentido da criação de projetos multiplicadores, estas mães contam com o exemplo de nossa personagem do texto bíblico, que recebeu das mãos de Deus através do profeta Eliseu não apenas o milagre de ter o azeite multiplicado, mas recebeu também as diretrizes para administrar a venda, pagar sua dívida e criar as condições para viver do que sobrasse. Esta linda narrativa é no mínimo confortante, ter compreensão de que o Eterno, na demonstração do seu amor, promove meios para cuidar dos seus e nunca e deixá-los a mercê dos acontecimentos, mas é bom ressaltar que houve um grande esforço desta mãe, que não se dobrou diante do credor e não quis abrir mão dos filhos, ela encontrou sua dignidade, até mesmo honrando a memória do seu esposo falecido, com esta lição podemos aprender que às vezes um bom e respeitoso dialogo é um forte elemento para a construção de boas relações, que podem contribuir para o bom andamento das situações.

 A viúva foi digna do que recebeu, pois aqui não temos um movimento do acaso da parte do Senhor, mas ele ministrou um milagre na história de vida de uma mulher pobre, mas que antes do Senhor agir por ela, ela buscou seu espaço, mas é preciso valorizar a parceria invencível entre Deus e o homem e, aqui especificamente, entre Deus e uma viúva endividada que ao ter seu azeite multiplicado mudou sua história, continue acreditando em você mãe, no seu trabalho, seja no lar ou na área profissional, pois não é uma característica do Pai deixar de lado os que trabalham, principalmente quando se demonstra amor por Ele.

A mãe de Sansão
Uma mãe especial para um filho especial

"Os israelitas voltaram a fazer o que o Senhor reprova, e por isso o Senhor os entregou nas mãos dos filisteus durante quarenta anos. Certo homem de Zorá, chamado Manoá, do clã da tribo de Dã, tinha mulher estéril. Certo dia o anjo do Senhor apareceu a ela e lhe disse: "Você é estéril, não tem filhos, mas engravidará e dará à luz um filho. Todavia, tenha cuidado, não beba vinho nem outra bebida fermentada, e não coma nada impuro; e não se passará navalha na cabeça do filho que você vai ter, porque o menino será nazireu, consagrado a Deus desde o nascimento; ele iniciará a libertação de Israel das mãos dos filisteus". (Juízes 13.1-5)

Contexto histórico

Por quarenta anos Israel estava sob o domínio dos filisteus, e estes faziam parte dos chamados "povos do mar", que no século XII a.C. migraram da Grécia para a planície costeira de Canaã. No período da conquista os israelitas não foram bem-sucedidos contra os filisteus e não conseguiram tomar essa região. Esta nação se concentrava em torno de cinco cidades principais: Adode, Gaza, Aquelom, Gate e Ecrom (1 Sm 6.17).

Fatos indicam que este período de domínio filisteu ocorreu em consequência da desobediência do povo ao Eterno. Sansão julgou Israel durante vinte anos, o que significa que os seus anos como juiz transcorreram durante os quarenta anos do domínio filisteu.

Os filisteus desarmaram Israel, o povo aparentemente se acomodou; não há evidências de que eles tenham clamado ao Senhor por uma libertação e consequentemente os filisteus não demonstram preocupação com a possibilidade de uma rebelião. Segundo alguns pensadores, os filisteus não eram tão severos com os israelitas, o que poderia justificar esses sinais de tranquilidade de Israel neste período em relação ao domínio do povo opressor, mas é preciso notar que existem processos históricos em andamento. Por mais que os dominadores não lhes oprimissem ao ponto de se sentirem pressionados a clamar por um libertador, havia uma cadeia de acontecimentos e seus desdobramentos dependiam da liberdade dos israelitas e só o conhecimento supremo do Eterno em relação ao tempo futuro é que poderia esclarecer o quanto o domínio dos filisteus sobre a nação poderia ser prejudicial aos processos, que dependiam da participação direta dos descendentes de Abraão, o pai da fé.

Por mais que o ambiente não ofereça nenhum tipo de risco aparente, somente o Eterno é capaz de definir quando seus filhos realmente devem se despreocupar e se sentir seguros.

O nascimento de Sansão confronta esta falsa ideia de segurança de seu povo. Ele veio de um ideal divino, portanto, ele deveria ser especial, mas seu povo era acomodado e ao mesmo tempo desarmado, pois não havia entre eles artesãos ou ferreiros que pudessem fabricar armas para qualquer tipo de enfretamento contra os filisteus.

Sansão nasceria com a responsabilidade de substituir a força do exército que Israel não possuía, para lutar com destreza e força de mil homens. Manoá era o nome de seu pai, um homem que pertencia a tribo de Dã. O texto sagrado se limita a citar o nome de sua mãe, mas é a ela que o anjo do Senhor primeiro aparece trazendo uma grande notícia de que, apesar de sua infertilidade, ela receberia um milagre de conceber e dar à luz um bebê muito especial, que nasceria com uma importante missão de iniciar o processo de libertação do povo de Israel do domínio dos filisteus, mas para que ele fosse bem-sucedido ela deveria manter a criança sob alguns cuidados especiais porque o menino faria parte da ordem dos nazireus, ou seja, o menino seria separado especialmente para o serviço do Eterno. Conforme a informação do texto bíblico a criança não poderia cortar o cabelo, deveria se abster de bebida alcoólica e de determinados alimentos considerados impuros pela lei, como também não poderia se aproximar de cadáveres tanto humano como de animais. De certo modo, o menino jamais poderia ter uma vida perfeitamente normal mediante todas as limitações colocadas pelo anjo do Senhor. Este menino teria uma força incomum e uma habilidade sem igual, mas também teria um preço altíssimo a pagar, que somente com os cuidado dos pais, em especial os da mãe, o sucesso de sua missão seria garantido.

Detalhes que fizeram a diferença

Cuidar de detalhes como não cortar o cabelo, não beber vinho ou outra bebida alcoólica, abster-se de uma série de alimentos considerados impuros pela lei de Moisés e não se aproximar de cadáver. Esta relação de itens apresentada pelo anjo do Senhor determina um estilo de vida completamente diferenciado, esse processo está ligado à educação e formação do caráter do menino. A força especial que estaria sobre ele para vencer os filisteus seria uma dádiva divina, mas pelo teor da mensagem angelical existem alguns processos a serem obsevados na vida desta criança, que não caberiam uma movimentação do Eterno. Pelo visto, o que o anjo declara é que ele iniciaria a libertação do povo, e a força excepcional de que ele dependeria para tal missão seria, sem dúvida, um dom do Altíssimo, mas nas entrelinhas se percebe que o dom do Altíssimo que estaria operando em Sansão estaria limitado a agir apenas nas áreas de seu corpo que determinavam suas habilidades físicas, por mais intensas que fossem estas manifestações em seu organismo, fazendo dele praticamente um super-homem ou superatleta, elas não se manifestariam nas áreas de sua vida que determinariam suas escolhas. Nessa linha de pensamento concluímos que o poder do Altíssimo não ultrapassa os limites da vontade humana, até porque se fosse assim a relação de amor que deve existir entre o homem e Deus se tornaria em um sentimento perfeitamente questionável, seria uma aventura sem emoções, um enigma sem graça, um poema superficial, seria comparada a uma luta injusta sem motivos de celebração de vitória alguma.

O belo do amor que podemos sentir por Deus é que amá-lo é uma questão de escolha, é a manifestação da arte da liberdade contida no âmago da sabedoria humana que nos permite criatividade em nossos gestos e expressões de amor.

"O garoto será muito forte". Tão forte que ele será capaz de destruir um exército com uma queixada de jumento, segundo a Bíblia, mas é preciso trabalhar nos processos que hão de atuar no fortalecimento de seu caráter, a relação de itens abordados pelo Anjo do Senhor devem ser analisados sob um ponto de vista muito mais amplo e, portanto, o anjo explica à aquela mãe que a árdua tarefa em manter a integridade do voto do nazireu seria uma tarefa exclusivamente dela. É claro que o texto sagrado não tece detalhes, mas qual a mãe, que ao receber uma notícia com tais prerrogativas, não compreenderia a importância de seu papel de administradora dos primeiros e os mais importantes passos do voto do nazireu?

A questão não está apenas em torno de evitar cortar seus cabelos ou estabelecer uma dieta diferenciada para o bebê, mas o grande passo deveria ser entender o que Deus percebeu de especial nesta mãe a ponto de entregar em seu ventre estéril, como um milagre, uma criança fundamental para a história de Israel. Pela primeira vez ela seria mãe, mas perfeitamente capaz de introduzir o menino em um projeto que o Eterno havia pensado para ele. O que se percebe aqui é uma escolha divina, não do menino, mas da mãe do menino que ainda iria nascer.

Quais seriam os critérios que o Eterno usaria para deixar evidências que venham garantir que este menino quando crescer e estiver em condições de tomar suas próprias decisões, poderiam garantir que ele ainda teria interesse em dietas estranhas e manter o mesmo estilo de seus cabelos, dando prioridade ao mesmo padrão de comportamento? O que vai acontecer é que no futuro Deus dependerá não apenas da força física do menino, mas essencialmente do caráter, que irá manter a força, e o Eterno encontrou nesta mulher estéril, que nunca havia sido mãe, a força necessária que uma mãe depende para forjar o caráter em uma criança extremamente especial.

É interessante pensar no modo inteligente de ação do Eterno, ao escolher uma mulher que nunca tinha sido mãe para cuidar de uma criança especial. Onde ele busca informações sobre pessoas que possam dar garantias de que esta mulher seria capaz de administrar durante um longo período de criação deste menino? Não é possível identificar graus de facilidade na tarefa de educar uma criança quanto a possuir um comportamento completamente diferenciado, é algo realmente desgastante para quem terá que lhe dar com a questão por anos consecutivos, já que todos os detalhes passados pelo mensageiro do céu deveriam ser seguidos à risca. Esta mãe deveria se aplicar inteiramente à educação deste menino, até porque não havia tempo a perder mediante aos processos proféticos em andamento e as injustiças cometidas pelos filisteus opressores.

Não é difícil perceber que Deus coloca esta mulher como uma peça central de uma estrutura em plena construção, e muito pouco se fala sobre ela, mas lá estava ela e o

Senhor foi ao encontro do sonho dela, talvez por respostas às suas orações e de seu esposo, mas cabe aqui um pensamento de que o Eterno tem pleno conhecimento do potencial dos sentimentos humanos e é naturalmente sabedor de a esposa de Manoá seria capaz de administrar um projeto tão fundamental para o seu povo. O modo mais simples de entender esta ação divina é buscar compreendê-la no contexto dos atributos Divinos, tal como a onisciência, que lhe permite conhecer todas as coisas, inclusive o mais belo de tudo isto é nos introduzir na visão do salmista quando no salmo 139.1, 2 ele diz:

"Senhor tu me sondas e me conheces, sabes quando me sento e me levanto; de longe percebes os meus pensamentos".

O texto nos auxilia no pensamento de que Deus escolhe as pessoas baseado no conhecimento que ele possui da essência de sua alma, do seu conhecimento do "eu interior", por isso ele escolhe a esposa de Manoá, uma mulher capaz de cuidar de um filho especial, como um grande projeto de Deus.

Como aplicar esses preceitos hoje?

Todas as gerações produzem filhos especiais e nem sempre seus pais são orientados pelo Anjo do Senhor sobre o aspecto especial de suas vidas, mas é preciso notar que o que há de marcante nas histórias de vida é o modo como as lições lhes são transmitidas, normalmente essas lições são transmitidas pelas mães.

Orientar um filho como Sansão, possuidor de uma força física tão espetacular, significaria para o Eterno investir nas qualificações de sua própria mãe, pois o rapaz seria forte, o mais forte de sua geração. Como ensiná-lo a estabelecer limites em suas relações no dia a dia, com vizinhos e amigos, a ponto de ele compreender que a sua força não fazia dele alguém superior a nenhum de seus pares humanos. A mãe de Sansão teria a responsabilidade de lhe ensinar qual seria o propósito do favorecimento de sua força, e que seu vigor físico não seria resultado simplesmente dessas obras espetaculares da natureza.

Ela poderia dizer: "Meu filho você nasceu de algum modo especial, mas a sua vida possui um propósito".

Ensinar a uma criança como Sansão os propósitos de sua vida seria o divisor de águas para o seu futuro, levando em conta a sua força física, pois um ser humano com as qualidades de Sansão poderia de algum modo – se não for bem orientado – se achar no direito de subjugar outras pessoas que não fossem tão habilidosas quanto ele. Um Sansão sem caráter, livre pelo mundo se transformaria em uma verdadeira máquina de destruição, portanto os cuidados de Deus não se limitam em apenas dar força ao menino, mas preparar especialmente a mãe que estaria apta a orientar este pequeno herói a compreender seus limites e como proceder com seus relacionamentos.

Somente uma mãe consciente consegue compreender sua importância na vida de uma criança com qualidades especiais, ensinar os limites de sua liberdade, o respeito ao próximo, aos menos favorecidos e aos mais fracos. Este é um processo que funciona na formação do caráter, são informações implantadas na mente no decorrer da vida, principalmente no tempo mais apropriado. Por essa razão o Eterno envia o seu mensageiro a uma mulher estéril, lhe promete um filho, mas lhe recomenda: "cuide bem desta criança, mantenha um olhar atento sobre ela, alimente-o de forma saudável, não corte seus cabelos etc.", sem colocar também as orientações básicas de todos os dias quando os testes de caráter começam a surgir e nesta hora o que vale é exatamente a lembrança de uma palavra de conselho.

O que leva, afinal, uma mãe se sentir no dever de dar a um filho uma atenção diferenciada? Certamente essa atitude não se limita apenas no fato dele possuir uma força especial como Sansão possuía, mas toda mãe que ama com amor genuíno entende que um filho pode se tornar especial por diversas razões, não apenas por ser um belo bebê ou por suas qualidades físicas notáveis, um filho pode ser especial simplesmente por ser filho. O fato de a mãe de Sansão precisar orientá-lo quanto a um estilo de vida dentro dos princípios passados pelo anjo do Senhor para a manutenção de sua unção fazia dele um ser humano muito diferenciado, mas é muito bom se lembrar de que existem neste mundo inúmeras razões que levam uma mãe a ter que manter um olhar mais criterioso sobre determinados filhos, pois ao mesmo tempo em que podem surgir na vida pessoas privilegiadas, sejam no aspecto físico, intelectual ou espiritual, nascem seres humanos com necessidades especiais, crianças que nascem desprovidos de boa saúde física e mental, pessoas que por suas limitações dificilmente conseguiriam ter a oportunidade de possuir uma vida normal. Há inúmeras mães que cuidam de seus filhos praticamente vinte e quatro horas por dia, com cuidados diferenciados na área de alimentação e médicas, mães que enfrentam dilemas de lidar com situações de maus-tratos contra os seus filhos até mesmo em ambiente familiar, lidar com questões de preconceito, e tantas outras situações. A solução para a mente de uma criança que sofre com o preconceito e rejeição pode estar em como esta mãe é capaz de demonstrar seu amor.

A mãe de Sansão é o modelo de todas as mães, que mesmo durante a gestação descobriram que seu filho ou filha nasceria com alguma necessidade especial, e que mesmo assim se dispuseram a enfrentar o desafio por amor.

Mães que dedicam tempo, se desgastam e mesmo assim são mães que não abrem mão dos seus sentimentos.

Mães que veem seus filhos sofrerem preconceitos, mas que lutam e ensinam o quanto eles são especiais e de extremo valor para ela e como elas podem estar inseridas em um projeto de Deus.

A sociedade pode até não perceber o valor de alguns filhos, assim como aconteceu com Sansão, pois ele com o tempo se perdeu em suas orientações, mas sua mãe cumpriu muito bem o seu papel, portanto não desista do seu filho, lute pela boa formação do seu caráter, pois no momento certo ele se lembrará de que a vida possui limites, e que todo bom ensinamento é de extremo valor!

"Instrua a criança segundo os objetivos que você tem para ela, e mesmo com o passar dos anos não se desviará deles". (Provérbios 22.6).

Eunice e Loide
Mãe e avó unidas na formação de um bom cristão

> *Recordo-me da sua fé não fingida, que primeiro habitou em sua avó Loide e em sua mãe Eunice, e estou convencido de que também habita em você.* (2 Timóteo 1.5)

Contexto histórico.

Quando Paulo escreveu a carta bíblica de 2 Timóteo, sua vida havia sofrido grandes alterações. Este homem havia sido um dos maiores líderes do cristianismo, ele foi o responsável pela pregação do evangelho de Cristo em territórios não judeus e passou a ser conhecido pela história como "pregador dos gentios", mas neste período Paulo encarava uma prisão na cidade de Roma, e com certeza, pelas evidências do texto bíblico, ele estava convicto de que sua morte estava próxima.

Devido aos percalços que normalmente são inevitáveis em missões como as de Paulo, muitos dos companheiros de Paulo, que atuaram como seus colaboradores, o abandonaram. Apenas um companheiro chamado Lucas permaneceu ao seu lado para lhe prestar auxílio. Vale considerar que os últimos dias de vida deste grande líder não foram nada animadores.

Entretanto, surpreendentemente Paulo não demonstra - pelas informações do texto - estar preocupado consigo mesmo, mas o alvo de suas preocupações se concentravam exatamente em um dos mais jovens líderes que ele havia formado, seu nome era Timóteo.

Timóteo era um jovem que, além de tímido não possuía boa saúde, e tinha uma forte tendência a permitir ser influenciado por outras pessoas, fazendo com que sua autoridade como líder da igreja fosse questionada.

Paulo sempre foi um líder estratégico e não dava indícios, mesmo com todas as dificuldades e limitações de seu jovem discípulo, de que havia perdido a confiança no rapaz. O apóstolo sabia que as convicções de Timóteo eram muito bem fundamentadas, pois ele mostrou que as bases de sua fé dificilmente seriam abaladas mesmo diante de todos os problemas que enfrentava.

Tudo indica que a grande responsável por conduzir Timóteo e sua mãe, Eunice, ao cristianismo foi sua avó Loide. Ela foi, provavelmente, a primeira a se converter na família.

Segundo o livro de Atos 16.1, o pai do rapaz era grego "Chegou a Derbe e depois a Listra, onde vivia um discípulo chamado Timóteo. Sua mãe era uma judia convertida e seu pai era grego". Se desconhece qualquer outro detalhe sobre o pai ou avô de Timóteo, esposo de sua avó Loide. Portanto, não se sabe se o pai do rapaz era vivo neste período, e se ele ainda era vivo não foi um obstáculo ao processo de conversão da família. É provável, segundo alguns pensadores, que ambas fossem viúvas e a força da expressão de Paulo no texto bíblico é que nos dá tranquilidade para direcionarmos a uma linha de pensamento de que as grandes responsáveis pelos ensinamentos que fizeram produzir a fé em Timóteo e que no futuro faria dele um grande líder do cristianismo foram sua avó Loide e sua mãe Eunice.

Quando a crise de liderança é uma ameaça

O mundo, no período da vida do apóstolo Paulo, passava por intensas transformações, o cristianismo pregado e ensinado por Paulo naquele período havia se transformado no fenômeno responsável por causar os mais profundos impactos no pensamento de milhares de cidadãos em várias partes do império romano.

Pessoas de diversificadas classes sociais, escravos e homens livres, que de certa forma cambaleavam em suas convicções, ao ouvirem a mensagem de Paulo e seus companheiros se convertiam em fervorosos cristãos.

O cristianismo crescia assustadoramente, por mais que o desenvolvimento da fé estivesse de alguma maneira superando a expectativa de muitos líderes cristãos.

A igreja daquele período já sofria com uma questão histórica, ou seja, " liderança". A crise de liderança não é uma novidade dos tempos modernos, tanto o texto sagrado responsável por narrar a história dos judeus como a história geral nos dão informações privilegiadas de que bons líderes não são inumeráveis quanto as estrelas do céu ou como a areia da praia, historicamente muitas nações, organizações e impérios perderam o seu legado por falta de líderes competentes, capacitados a dar a sequência a um processo iniciado anteriormente por outro, portanto os eventos históricos do texto bíblico e da história mundial amargam inúmeros fracassos, simplesmente porque aqui ou ali faltou um bom administrador. Como poderíamos não nos lembrar do fracasso em que se tornou o reinado de Jeroboão, herdeiro do trono do rei Salomão, que logo ao assumir o reinado por uma decisão inconsequente causou uma trágica separação da nação israelita? O império de Alexandre, o Grande, como um exemplo extra bíblico foi duramente golpeado após a morte precoce do grande líder, exatamente pela ausência de um sucessor que estivesse à altura de substitui-lo. Depois da morte de Alexandre o seu império se fragmentou e jamais voltou a ser mesmo.

O texto sagrado nos mostra o Eterno criando suas próprias estratégias na formação de líderes essenciais para determinados períodos nos tempos bíblicos, em uma das formas já narradas nos capítulos anteriores, o Senhor usava o processo de escolha dos pais e, em especial, da própria mãe como garantia de que antes de nascer um grande líder já estaria separado e preparado pelos pais para a execução de suas missões especiais, como ocorreu com o nascimento de Sansão, cujo o seu nascimento, previsto pelo anjo do Senhor, que foi ao encontro de seus pais para lhes levar a notícia do nascimento do menino e de como a criança se tornaria um grande líder em Israel.

Paulo, o apóstolo dos gentios, também foi aterrorizado pelo fantasma da crise de líderes e em suas últimas abordagens literárias é possível perceber claramente sua insatisfação, especialmente em relação aos companheiros que o abandonaram e nunca mais retornaram. O apóstolo, aparentemente, não expressa preocupação consigo mesmo ou se lamenta por suas angústias momentâneas na prisão em Roma, mas ele não abranda seu olhar cuidadoso sobre o jovem líder da igreja, que inclusive foi um dos líderes que se encontrava na cidade de Éfeso, uma cidade que gozava do benefício de possuir o maior porto de toda Ásia.

O intenso cuidado de Paulo por Timóteo, filho de Eunice e neto de Loide, se encontra em suas expressões, inclusive ele não deixa de esclarecer ao jovem líder que preservasse na memória o que ele havia aprendido com sua avó e sua mãe. É este mesmo Paulo, por vezes criticado pela firmeza de sua postura, que aparece validando as orientações que estas mulheres lhe transmitiram, sendo assim é importante refletir que na realidade Timóteo foi um resultado direto de um processo de implantação de princípios cristãos aplicados por Loide e Eunice.

Analisando a complexidade da população da cidade de Éfeso, por ser uma cidade portuária, naturalmente podemos deduzir que ambientes assim são adequados ao surgimento de pessoas portadoras de todos os tipos de comportamentos e pensamentos, inclusive nocivos à fé cristã. Timóteo necessariamente precisava ser um homem de emoções estabilizadas com convicções muito bem enraizadas. A literatura cristã ainda estava em processo de formação e não havia espaços organizados de ensinamentos teológicos, Paulo era conhecedor da possibilidade de que um acidente na mentalidade cristã do rapaz poderia causar danos irreparáveis tanto na igreja como na vida pessoal do jovem, portanto ele precisava ser firme em suas relações com as pessoas da comunidade sob sua liderança e estar preparado contra qualquer outro ensinamento que colocasse em risco os projetos de Paulo em relação a igreja de Cristo. Timóteo é um moço de saúde delicada e aparentemente um jovem de expressão tranquila, nas entrelinhas se percebe que era um bom filho, Paulo também detecta com facilidade os valores do jovem que especialmente teve seu caráter forjado e construído pelas mãos de sua mãe e de sua avó.

Bons princípios formam um bom líder

O texto sagrado não traz a informação de qual seria a idade de Timóteo quando sua mãe e sua avó se converteram, mas a partir de algum momento na história desta família, que com certeza também ficou exposta aos fundamentos da filosofia pagã devido a origem grega de seu pai, essas duas mulheres sentiram na mensagem do evangelho uma nova motivação para a vida e no exercício de ensinar as escrituras sagradas a Timóteo. Provavelmente sendo Timóteo ainda criança, mãe e filha se desdobram na aplicação dos bons princípios da fé, cristã sem que talvez esperassem que no futuro o garoto se transformasse em um discípulo tão estimado de Paulo, passando a ser conhecido como um dos principais líderes da igreja primitiva.

Ao enumerarmos todos os desafios que o jovem rapaz teria que superar no exercício de liderança de uma comunidade e considerando o fato de que o seu principal mentor estava aprisionado, podemos admitir que Timóteo teria todos os motivos para se sentir desmotivado e abandonar sua vocação, mas quando Paulo verbaliza em expressões tão claras que o que seu discípulo havia aprendido com sua avó e sua mãe seria extremamente essencial para o sucesso de seu trabalho naqueles dias. Talvez o que essas duas mulheres não imaginassem é que pequenos gestos, como aplicar lições diárias e simplificadas, serviriam para as bases de estruturação de fé do menino e seriam tão úteis para o seu futuro e o da igreja, existem lições que, se transmitidas no tempo ideal, as garantias de seus resultados serão maiores, Eunice e Loide com certeza faziam uso dos próprios princípios encontrados nas narrativas bíblicas, quando o autor do texto sagrado expõe com propriedade o quanto é fundamental o exercício de ensinar a criança no caminho que ele deve andar.

Desconhecemos o método que mãe e avó utilizavam para aplicação no ensinamento das sagradas escrituras e sequer podemos dimensionar o grau do conhecimento cristão dessas duas mulheres, mas indiferente a estas realidades Timóteo deu resultados. Por mais que a fé cristã estivesse nos seus primórdios, seus efeitos no coração das pessoas era algo notável e o que Eunice e Loide perceberam foi exatamente a simplicidade das escrituras se tornar acessível aos simples, e que inclusive as crianças são capazes de entender.

Timóteo fez multiplicar o que ele aprendeu com sua avó e sua mãe e este aprendizado lhe foi tão útil, que ele teve seu valor reconhecido pelo próprio apóstolo dos gentios e transformou-se em um dos mais importantes líderes da igreja antiga simplesmente porque sua mãe e sua avó entenderam a importância de estabelecer diretrizes cristãs a vida do garoto. Uma boa instrução materna fundamentou a fé em Timóteo e com isso o resultado foi que essas duas mulheres, talvez até de forma inconsciente, fizeram dele, ainda em sua juventude, um dos maiores líderes da igreja.

Aprendendo com Eunice e Loide

Somente quando nos remetemos a histórias como a desta família é que podemos perceber como um bom ambiente familiar moldado em princípios de excelência é fundamental para criar novas possibilidades na história de alguém. Quem teve a oportunidade de ouvir um dos sermões daquele jovem pregador, e esteve e perceber de que modo ele lidar com os desafios rotineiros, talvez imaginasse que a sua maior referência no discipulado e aprendizado fosse Paulo, e é claro que não iremos descartar a importância do apóstolo no desenvolvimento de sua personalidade e suas convicções espirituais, pois foi Paulo o responsável por levar o evangelho aquela região, onde esta família veio pela primeira vez ter um contato com a mensagem cristã, mas é o próprio apóstolo quem trabalha uma importante informação que estava relacionada ao passado do jovem ao citar que ele deveria trazer a memória o que ele havia aprendido com sua mãe e sua avó. A experiência dessa família aparentemente sem um representante do sexo masculino nos ajuda a refletir como pequenas lições diárias podem ser essenciais para formação de um bom cidadão, mas as movimentações aceleradas dos dias atuais têm tirado das famílias muitas oportunidades de seguir exemplos como os da família de Loide e Eunice devido ao fator tempo, deixando a responsabilidade de educar geralmente por conta das instituições, mas por mais que a modernidade esteja determinando novos padrões de comportamentos familiares as novas formas de vida não eliminem antigos problemas da alma, os incontáveis números de pessoas que sofrem por falta de carinho e afeto na infância fazem com que questionemos quais são os verdadeiros benefícios de tantas transformações, e como administrar diálogos de orientação em tempos tão trabalhosos? Mas pequenas lições podem partir de momentos singelos compartilhados pelo grupo familiar, uma mãe atenta não deve desperdiçar as boas oportunidades, mesmo que sejam para um pequeno diálogo durante uma refeição no final de semana, é muito bom lembrarmos de como algumas lições nos eram passadas até alguns anos atrás, as tradições do contar pequenas histórias na hora de dormir ou nas horas de lazer nos auxiliavam na reflexão do nosso dia a dia e nos ajudavam a ponderar nossas atitudes e nossa forma de pensar.

Eunice e Loide nos ensinam que é possível preparar uma vida dentro de casa, os benefícios que uma sociedade tem quando uma mãe decide ensinar a ética e a fé no ambiente familiar são incontáveis. Uma mãe atenta consegue detectar pequenos defeitos e dificuldades de um filho nos primeiros anos de sua vida. Paulo mostrou a Timóteo o quanto ele tinha necessidade de ser forte em determinadas situações que um líder pode vivenciar, e não se deixar levar por sua timidez, mas mesmo o problema da timidez ou sua saúde um tanto delicada não foram suficientes para suplantar na mente do apóstolo seus valores essencialmente implantados no seu caráter, as duas mulheres citadas por Paulo contribuíram para a formação de um grande líder e com certeza chegaram a este resultado porque pequenas lições não foram menosprezadas.

Lembro-me que certo dia em uma linda manhã de domingo após voltar de nossa igreja local, onde eu havia participado de uma escola dominical encontrei-me com os meus pais próximos a uma escada na parte dos fundos de nossa casa. Naquela manhã o meu pai perguntou me sobre o que eu havia aprendido na escola dominical eu sempre demonstrando muito entusiasmo por temas bíblicos disse a ele que a temática daquele dia havia sido sobre o profeta Elias, um dos maiores profetas do Antigo Testamento na história do povo de Israel, me lembro que minha professora naquela manhã de domingo leu o texto sobre o período em que o profeta milagrosamente foi sustentado pelos corvos, enquanto se escondia de Jezabel e Acabe, rei de Israel. Meu pai me perguntou que lição importante eu havia tirado para minha vida através daquele tema, e eu lhe disse que aprendi a crer que o Eterno pode sustentar seus filhos mesmo nas horas mais difíceis e se for necessário ele enviaria corvos para manter o sustento de alguém. Meu pai tentou me explicar que o trabalho de Deus não é bem assim, e que hoje Deus não enviaria as aves do céu para sustentar alguém, mas que ele poderia fazer o milagre utilizando outros meios. Eu não queria aceitar os argumentos do meu pai e me mantive na convicção de que, se fosse necessário, os corvos viriam para nos trazer alimentos. A discussão perdurou por alguns instantes, até que minha mãe nos interrompeu dizendo ao meu pai: "deixe que ele continue crendo assim como ele aprendeu, um dia este menino entenderá melhor os métodos dos milagres divinos. Eu deveria uns nove ou dez anos de idade, mas nunca me esqueci do dia em que eu, meu pai e minha mãe tivemos uma discussão sobre a vida do profeta Elias.

Mães atentas como Eunice e uma avó dedicada como Loide também podem formar líderes, não apenas líderes no contexto religioso ou no secular, mas especialmente formar cidadãos que consigam liderar suas próprias vidas e dar um caminho digno a si mesmo, pois o liderar bem é um caminho a ser ensinado. Todo bom ensinamento possui sua validade no dia a dia, seja no presente ou no futuro com certeza eles fazem falta, não são poucas as pessoas que por questões simples perdem o controle de uma situação no lar, no trabalho, nas relações diárias, e não é porque não aprenderam em uma escola, mas na realidade existem lições que somente são lembradas quando aprendidas em casa, através de gestos e lições de uma mãe que valoriza a difícil arte de dialogar em casa.

Paulo compreendeu o quanto foi bom para o seu discípulo aprender no seio materno a ponto de orientá-lo "A trazer a memória tudo o que ele havia aprendido com sua avó e sua mãe".

A você, mãe, que muitas vezes nos diálogos com seus filhos percebe na indiferença dos seus gestos o desinteresse por suas orientações, não fique triste, não desanime, pois cada palavra dita será lembrada no tempo adequado!

"Instrua a criança segundo os objetivos que você tem para ela, e mesmo com o passar dos anos não se desviará deles". (Provérbios 22.6).

Hagar
Uma mãe em fuga para o deserto

"*Ele possuiu Hagar, e ela engravidou. Quando se viu grávida, começou a olhar com desprezo para a sua senhora. Então Sarai disse a Abrão: "Caia sobre você a afronta que venho sofrendo. Coloquei minha serva em seus braços, e agora que ela sabe que engravidou, despreza-me. Que o Senhor seja o juiz entre mim e você". Respondeu Abrão a Sarai: "Sua serva está em suas mãos. Faça com ela o que achar melhor". Então Sarai tanto maltratou Hagar que esta acabou fugindo. O Anjo do Senhor encontrou Hagar perto de uma fonte no deserto, no caminho de Sur, e perguntou-lhe: "Hagar, serva de Sarai, de onde você vem? Para onde vai?". Respondeu ela: "Estou fugindo de Sarai, a minha senhora". Disse-lhe então o Anjo do Senhor: "Volte à sua senhora e sujeite-se a ela".* (Gênesis 16.4-9;)

Contexto histórico

Hagar surge no contexto bíblico a partir do capítulo 16 do livro de Gênesis, sendo que alguns estudiosos acreditam que ela passou a fazer parte da família de Abraão e Sara, como um dos presentes que Abraão recebeu do Faraó no período que eles moraram no Egito por consequência da fome que por um período assolou Canaã.

Abraão, neste período, comete um erro gravíssimo, ao mentir a Faraó, líder maior do Egito, que Sara, sua esposa, era sua irmã. Ele fez isso por receio de ser morto pelo rei, que se encanta pela beleza de Sara e a toma para fazer parte de seu harém, até que um terrível mal caísse sobre o Egito. Ao tomar conhecimento de que a origem do mal sobre a nação era consequência de sua atitude em possuir Sara, o Faraó repreende duramente a Abraão, lhe devolve sua esposa e os expulsa do país. A família segue sua viagem de volta para a casa com uma riqueza muito maior devido aos presentes dados pelo Faraó, o que possivelmente incluia Hagar, a escrava.

Os traços que marcam a história de Hagar são caracterizados por linhas irregulares e escorregadias. É uma história comovente e cheia de agitação, ela é capaz de incorporar um complexo de emoções contraídas pelas oscilações emocionais de sua senhora Sara, e por sua variação de comportamento após descobrir que estava grávida de seu senhor, Abraão, esposo de Sara.

Hagar jamais se tornaria em uma mãe bíblica - mãe de Ismael - se Sara, sua senhora, não fosse acometida por sentimentos que afastaram a possibilidade de pensar sobriamente. Sara está no contexto de uma promessa que lhe foi feita pelo Eterno que, em seu cerne, possui algumas particularidades essenciais para o sucesso do plano, pois seria um movimento com uma abrangência de tempo e espaço maiores do que eles poderiam imaginar. A delicadeza das ações deveriam fluir em medidas simetricamente elaboradas, sem elevações nas extremidades. Estamos diante de um projeto que posicionamentos maduros dos agentes envolvidos para ter sucesso e estes devem estar destinados a produzir impactos transformadores em dimensões de ordem natural e sobrenatural. Qualquer movimentação que acelere ou atrase o processo pode produzir a incoerência na sequência dos eventos previstos e anunciados por Deus.

Os dilemas de Sara

Sara estava em meio a dois dilemas bastante delicados. Um deles era a infertilidade já que lhe pesava sobre os ombros a responsabilidade de conceber o herdeiro da promessa. E o outro era a idade avançada.

O milagre realizado em Sara seria algo sem precedentes em sua história de vida, mas sem experiência com estas atividades divinas ela tem dificuldades em estabelecer as conexões adequadas em seu comportamento. A única garantia que Sara tinha de que um milagre aconteceria era a voz do Altíssimo, e, fora isso quais seriam as outras bases que ela teria para crer que poderia engravidar mesmo sendo tão avançada em idade?

Crer nesta possibilidade seria se lançar por completo nos braços do pai e isso é fé. Más a fé que tornaria este milagre um ato possível só pode proceder de vitórias alcançadas em batalhas individuais, em que o confronto nada mais é do que uma forma de testar a nossa destreza em lidar com os recursos da espiritualidade. É uma batalha de estratégias mentais e emocionais, é o esforço em disponibilizar a mente e as emoções a um período de negação das aparências que marcam a vida com traços misteriosos e praticamente sem discernimento sacramentando nossas limitações físicas e espirituais.

Numa eventual exposição mental de limitações físicas e espirituais, independente do drama vivido, o discurso da mente ganha envergadura e se reflete no exterior da vida onde as coisas estão acontecendo e as intenções da mente se materializam e transformam-se em objetos reais, o que estava no interior de Sara ganha forma ao perceber em Hagar a possibilidade de conceber por possuir uma idade adequada e ser saudável.

Ela percebeu que Hagar poderia ser a reposta para seus mistérios, Hagar aparece e a sua imagem se associa a uma possibilidade que se alcança sem as proezas da fé e da esperança, ela é o objeto de despojo de uma batalha travada no interior de uma alma aflita, confusa e sem convicções. Ela surge no ideal de Sara porque era disponível, simplesmente uma escrava.

Mas é importante que se observe que sua imagem não estaria vinculada às previsões: Sara estava no ideal profético, mas ela não estava em condições emocionais de compreender com equilíbrio a missão que fora proposta pelo Altíssimo em relação à sua responsabilidade em conceber o filho do qual se originária a nação de Israel.

Sara só consegue enxergar que Hagar a pertence, e por mais que esteja em conflito e confusa, ela tem liberdade, força de expressão para tomada de decisões e mudar o ambiente ao seu redor a qualquer momento, conforme lhe parecesse mais confortável.

A questão, no entanto, consiste exatamente na seriedade de sua sugestão que envolveria o relacionamento sexual entre seu esposo Abraão com Hagar que ocasionaria o nascimento de uma criança e a transformação de Hagar em mãe.

Mesmo com a infertilidade e a idade avançada a cadeia de eventos estava de acordo com o cronograma divino. Tudo parecia fluir em um ritmo bem natural, o projeto particular de Sara tem todas as características de um plano perfeito, com todas as condições de se adaptar às situações que até então estavam sendo criadas. Nenhuma inquietação no ambiente causaria qualquer incômodo se Hagar, ao perceber as primeiras sensações de uma gravidez, também não se deixasse levar por emoções inesperadas, sentimentos que podem surgir do despreparo emocional humano, que acentuam o quanto uma alteração na história de alguém pode trazer à tona sentimentos ocultos abrigados na alma que são capazes de agir como predadores que se disfarçam em meio à natureza, habilitados a se tornarem invisíveis e em condições de explorar a melhor hora para capturar e devorar sua presa. Hagar, na escala social, era tão somente escrava de uma senhora em um momento de conflito emocional, e sua senhora era mais um ser humano vulnerável e disposto atalhar seus caminhos na busca de soluções imediatas que evitassem os percalços e dificuldades que aparecem durante uma história de quem está no meio de uma jornada. De forma geral estes percalços são formados com o propósito de criar no interior do coração uma obra de excelência no caráter que nunca ultrapassa as nossas limitações.

Hagar, ao perceber a gravidez, não consegue disfarçar o que seus olhos jamais mostraram e nem um gesto em seu dia a dia foi capaz de tornar visível que ela não seria madura o bastante para tornar frutífero aquele momento, fazendo prosperar com humildade e silêncio as novas possibilidades que a vida lhe oferecia.

A grande questão é que sua patroa vivia em um período de crise interior. Se ela percebesse que se não fosse por esta instabilidade e ausência de fé de Sara, ela jamais seria a mãe de Ismael, filho de Abraão. Mas o fato é que Sara, mesmo com suas emoções decadentes, ainda é assegurada por um processo profético em desenvolvimento e Deus não havia se esquecido dela.

Hagar, por estar junto a Sara, indiretamente estaria em condições de se beneficiar de alguma maneira com essa promessa, mas faltou-lhe entendimento para compreender qual o seu lugar na escala da promessa, talvez ela teria sido mais criteriosa em evitar aquela cadeia de problemas. Caso ela fosse capaz de entender que humildade em determinados momentos evita constrangimentos, acabaria produzindo estabilidade aos acontecimentos.

É comum que grande parte das desavenças nas relações humanas ocorre por não entender determinados processos com humildade. Se Hagar tivesse assumido posicionamentos mais humildes, com certeza todo aquele transtorno teria sido evitado, inclusive a intervenção do anjo.

A solução

A humildade em sua quietude atrai benevolências sem travar lutas pessoais. Ela projeta os anônimos e os mantém em estado de honra. Materializa sonhos impossíveis que o tempo não consegue invalidar. Cria novas realidades para a vida e torna possível uma entrada triunfal nos projetos divinos. O discípulo de espírito humilde, ainda que se torne mais habilidoso que o seu mestre, continuará aprendendo e recebendo orientações do mestre.

Há momentos que o silêncio é demonstração de equilíbrio e pode exercer a função de criar ambientes que nos tornam dignos de administrar as projeções rápidas que às vezes a vida proporciona, ele tem o trabalho de ajudar a viver com elegância e sobriedade a introdução em histórias de vidas que, de certo modo, não fazíamos parte de maneira direta.

É o que nos ensina a história de Hagar, uma mulher que aparece subitamente e tem uma grande chance de transformar sua vida, mas se mostra despreparada para promover o ambiente que uma escrava que se tornaria mãe de um filho de Abraão deveria criar, ao passo que ela poderia compartilhar com Sara da alegria de gerar um filho, como resultado de um sonho. Mesmo que concebido de forma equivocada, ela teria a oportunidade de desfrutar de um lugar agradável de se viver. Pois uma concepção pode recapturar sonhos perdidos e esquecidos, trazendo alegrias e motivando celebrações.

Ela não consegue absorver com posicionamentos sábios, os inúmeros benefícios dessa gravidez, que antes não fazia parte das projeções, mas agora a introduzia no cerne de uma família que, de acordo com os projetos envolvidos, jamais poderia sofrer desajustes em sua estrutura pela excelência do que o Eterno preparava para aquele pequeno grupo familiar. Mas ela se concentra nas limitações de Sara e transforma este ambiente em um espaço de frustrações, criando feridas emocionais e instalando um período de crise interna complexo demais para ser curado sem intervenção divina.

Uma gestação é capaz de causar diferentes transformações em um ambiente familiar e o que nos reporta à vida de Hagar é a ocorrência de uma crise causada por uma gravidez que não era parte de um projeto. A crise de momento traz dificuldades à convivência e conforme cita o texto bíblico Sara reage às provocações de Hagar que, por sua vez, diante da pressão foge para o deserto sozinha e com uma gravidez em pleno andamento.

Grávida e só, caminhando no deserto. Estaria ela indo de volta à sua terra natal ou apenas andava sem um destino sem se preocupar com sua fragilidade e da criança em seu ventre? A fuga para o deserto provavelmente colocaria fim a duas histórias de vida com todas as possibilidades de um final extraordinário.

Como aplicar esses preceitos hoje?

Uma fuga como a de Hagar diante do problema ocorrido pode comprometer drasticamente o futuro de uma gestante, um futuro comprometido em um plano de vida com desdobramentos relativamente rápidos não nos dá muitas oportunidades de causar danos nas estruturas de nossa existência, que podem sofrer abalos por consequência do impacto que os muitos desacertos que cometemos provocam nas paredes tão frágeis de nossa vida. Portanto, é uma atitude preciosa procurar os caminhos do Eterno estabelecidos para nós, que não evita o deserto, mas nos dá graça sobre ele para permanecermos vivos.

Existe uma interessante teoria chamada de *A teoria do efeito borboleta*; é um termo que se refere à dependência sensível às condições iniciais dentro da teoria do caos. Este efeito foi analisado pela primeira vez em 1963 por Edward Lorens. Segundo a cultura popular, a teoria apresentada diz que "o bater de asas de uma simples borboleta poderia influenciar o curso natural das coisas, talvez até provocar um tufão do outro lado do mundo".

O Eterno, em suas formas de agir, não pode ser analisado pela lógica racional da ciência humana, por sua intensidade ele não precisa repetir seus movimentos por falta de criatividade ou inspiração, ele é capaz de levar o mundo ao marco zero, iniciar tudo outra vez e sequer repetir os mesmos elementos da criação no Gênesis, isso porque o Eterno possui todos os atributos necessários para imprimir sua digital que o identifica como o Todo-poderoso capaz de transportar a vida humana a dimensões que a mente do homem, por mais fértil que seja, sonharia. Sendo assim é preciso educar a alma e ensiná-la a ser mais sensível para que ela não perca sequer o mínimo e o mais trivial soprar do vento da orientação de Deus.

Mas como não fugir para o vazio do deserto sendo que as tendas de Abraão parecem ter encolhido e tudo se mostra de novo tão distante outra vez. Hagar não consegue discernir que mesmo com sensação de espaços diminuídos onde Sara de alguma forma impõe sua presença; é preciso pensar no futuro da criança em seu ventre, mas como avaliar o futuro que se parece tão frágil e invisível sendo que o "agora ou o hoje" mais se parece a um gigante vestido com uma armadura de aço? O grande problema do "agora ou o hoje" é que por mais que digam que ele vai passar, ele não tem aspectos físicos que representem sua fragilidade, ao contrário, o agora parece ser composto de elementos tão sólidos e tão enrijecidos que não possui características de que vai ser vencido pelo amanhã, que não pode ser tocado sem as conexões da vida espiritual que me ensinam que "O choro pode durar um noite mas a alegria vem pela manhã". (Salmo 30.5) Isso é fé.

Hagar percebe o quanto as linhas que dividem as realidades da vida são frágeis e basta uma pequena fração de tempo para que as alianças e os pactos sejam quebrados.

Até as coisas que deveriam ser consideradas as mais belas da criação possuem a sua parte mais delicada, basta um movimento um pouco mais brusco para se perceber que até uma taça de cristal, por mais bela e reluzente que seja, não é capaz de resistir ao som impetuoso do agudo de uma voz. E assim ela abre as cortinas de sua tenda, olha para o horizonte à sua frente e pensa: "vou embora para o meu deserto" e desaparece em meio ao inóspito deserto que na fúria de suas manifestações não é capaz de entender que a mulher que se arrisca por ele adentro carrega em seu ventre o filho de um herói da fé.

Conclusão

Evitar o curso natural dos acontecimentos, equivale a abrir mão de uma experiência mais profunda na vida e na espiritualidade que somente Deus pode nos proporcionar pelos caminhos que ele cria para cada um de nós.

Fugir para deserto nem sempre é o problema, pode haver momentos em que o único recurso seja o deserto como um dia foi para Moisés, que ao cometer um assassinato no Egito precisou fugir para o deserto e ali permaneceu por quarenta anos. Esta cena pode ser uma visão comum dos tempos modernos, por mais que alguns conflitos familiares não levem gestantes ou mães a uma fuga para o deserto de Hagar em estado real com todas dificuldades reais daquele espaço geográfico, o deserto de algumas mães pode estar configurado nas fugas empreendidas por problemas emocionais. O deserto de Hagar pode ser o estado de vida de muitas mães em nossos dias modernos.

Semelhante a Hagar existem mães que convivem com suas próprias frustrações, pois construir um sonho em torno de uma gravidez e projetar no filho concebido a possibilidade de uma mudança de vida e de repente as pressões externas lançarem esta mãe em uma espécie de deserto existencial onde a realidade da vida confronta os possíveis projetos criados por ela.

O que seria pior para uma gestante sentir a dor da perda, interrompendo fatalmente suas projeções? Como uma separação inesperada, um pedido de divórcio, a descoberta de uma traição, histórias de mães no deserto se repetem a cada segundo, Hagar é apenas mais uma mãe que se lança no lado mais vazio de sua história com um filho em seu ventre, como outras tantas ela se vê sem casa, e sem o pai de seu filho, sem uma voz de auxílio, tais como muitas mães de hoje que convivem com a perda de seus companheiros tomados pelas fatalidades de uma sociedade violenta e sem sentimento ao próximo.

Pensar nas frustrações de muitas delas que se tornam vítimas de sonhos interrompidos por traz dos muros altos das casas das grandes cidades, dentro dos apartamentos, em barracões e nos vilarejos. Vidas que não somos capazes de imaginar que possam existir, histórias de mães não compreendidas, que nem sempre prestamos atenção, mães que vagam pelo deserto emocional porque nada pode suprir a perda de um filho, pensar nos milhões de filhos que são levados de suas casas para cumprir seus deveres militares e têm suas vidas ceifadas pelas guerras modernas quando não voltam para o braços da mãe com graves problemas físicos ou psicológicos, mães de filhos vítimas do tráfico humano para prática de prostituição etc. São muitas as formas que uma mãe pode sofrer um deserto de Hagar.

Mas Hagar, a mãe bíblica, foge e agora se encontra junto ao poço. Quem, em sua humanidade em um mundo tão primitivo, seria capaz de encontrar uma mãe desesperada no deserto? Humanamente falando encontrar os caminhos por onde o coração de uma mãe em desespero busca para saciar sua sede é algo complicado, mas Hagar, ao se deter no poço, foi encontrada pelo anjo.

Quem melhor que um anjo para alcançá-la, questioná-la sobre seu destino e, ao mesmo tempo, fazer uma promessa para o filho em seu ventre e chamá-la de volta para casa.

Pensando que o chamar de volta ao lar nem sempre se trata de percorrer de uma distância geográfica, mas pode significar ouvir a voz do anjo que não necessariamente busca Hagar no poço na figura de um ser espiritualizado, mas pode se apresentar na voz sábia do coração que, cheia de amor, acredita que nem sempre as histórias precisam encerrar no deserto. A voz do anjo, que vem do eco das lembranças dos pequenos gestos de carinhos, das brincadeiras nos dias de domingo, da canção que toca o coração, a voz deste anjo pode estar reproduzida na voz de uma pessoa amiga, de uma mãe conselheira que diga a ela que é possível voltar ao lugar onde um sonho pode se tornar real, e que mesmo diante da perda o próprio desejo de existir cria novas possibilidades, pois o anjo do Senhor sempre tem uma mensagem do Criador.

A mensagem diz que mesmo que a ocasião a coloque sob uma situação horrível, sempre haverá uma tenda para o seu descanso. Ela só precisava de uma palavra que a orientasse a voltar para casa e lhe fizesse uma promessa de buscar o caminho de volta, pois o voltar para a sua realidade dará a esta mãe a possibilidade de acreditar em um novo tempo. E o que muitas mães precisam em um momento de desespero é entender que na voz de um anjo pode existir uma promessa de um futuro melhor!

A palavra para todas as mães que se encontram aflitas por causa de uma adversidade comprometendo o seu futuro e de seus filhos é: tenham esperança, pois o Senhor sempre enviará o socorro na hora da aflição!

"Levanto os meus olhos para os montes e pergunto: De onde me vem o socorro? O meu socorro vem do Senhor, que fez os céus e a terra. Ele não permitirá que você tropece; o seu protetor se manterá alerta". (Salmo 121.1-3)

Joquebede
Uma mãe e seus recursos de criatividade em tempos de crise.

"*Um homem da tribo de Levi casou-se com uma mulher da mesma tribo, e ela engravidou e deu à luz um filho. Vendo que era bonito, ela o escondeu por três meses. Quando já não podia mais escondê-lo, pegou um cesto feito de junco e o vedou com piche e betume. Colocou nele o menino e deixou o cesto entre os juncos, à margem do Nilo. A irmã do menino ficou observando de longe para ver o que lhe aconteceria*". (Êxodo 2.1-4)

Contexto histórico

A história do povo hebreu não possui uma sequência sistemática de milagres, pois eles ocorreram em momentos de extrema necessidade e estavam direcionados a resolver situações problemáticas da época.

As ações divinas ocupam espaço na operação de milagres, mas na escala dos acontecimentos, os movimentos do Eterno não ocorrem aleatoriamente. Há uma relação mútua e respeitável entre homem e Deus. O texto bíblico fornece detalhes de ações conjuntas e bem-sucedidas entre o ser humano e o Senhor. O lado humano explora sua arte, suas ideias, sua música e seus projetos utilizando como matéria-prima a sua disposição, assim o mundo acontece conforme ele é. E não há o que possa impedir o progresso feito quando as coisas acontecem dentro de uma escala de ações associadas: o ser humano, sendo criativo no exercício de suas habilidades, e Deus, no exercício de ações que o homem não pode realizar.

Joquebede, a mãe de Moisés, o libertador do povo hebreu do Egito, não traz em si a marca notória de um espetáculo das ações de ordem sobrenatural. A história de seu nascimento não foi antecedida por previsão alguma de um oráculo profético. Ela possuía uma vida comum, cheia de privações e dificuldades por consequência do período de escravidão de seu povo. E é próprio da escravidão estagnar e paralisar sonhos, sendo capaz até de deter o potencial criativo de uma geração. Joquebede, assim como todo o povo, não possuía elementos práticos ao seu favor. Ela fazia parte de uma geração de escravos hebreus que sofreram com uma ação extremamente violenta de um faraó inseguro, preocupado com a instabilidade do reino egípcio e com o crescimento desordenado dos hebreus. Ele ordena então o assassinato de todas as crianças do sexo masculino. Segundo a descrição do texto bíblico, foi um terrível momento de adversidade e lágrimas entre as famílias, que marcou a história dos hebreus para sempre. Moisés, filho mais novo de Joquebede, nasce exatamente neste tempo de movimentos contrários ao nascimento de crianças. Não há um vestígio sequer de um milagre que pudesse identificá-lo como uma criança diferenciada ou predestinada para algo determinado.

Por mais que o Eterno estivesse no controle da história, pois Ele controla tudo, as lições primordiais a se tirar deste terrível momento é que o amor de mãe é uma medida criativa da vida e um dom incomparável; o amor de mãe é maduro e não se deixa diluir pelas agressões de um tempo ou pela violência de uma sociedade, não se fragmenta com a dor na doença ou nas prisões, este amor é rígido e implacável e não se dobra com a tempestade. Ele defende o ser indefeso com movimentos rápidos, produzidos pela dinâmica de sua eficiência perfeita quando se trata de proteger a vida desde o útero até a maturidade.

Não era possível fugir do Egito. O país era formado ao lado do grande Nilo e em volta havia um grande deserto implacável em suas manifestações, portanto é impossível para Joquebede fugir de lá com o pequeno Moisés. José e Maria conseguem fugir de Herodes para o Egito no intuito de proteger o pequeno Jesus que também corria um sério risco de morte e, neste caso, a fuga não causaria nenhum tipo de transtorno para o futuro de Jesus porque no tempo certo retornariam à sua terra natal. Mas no caso de Moisés, um dia a fuga aconteceria, mas somente após quarenta anos, antes disso a sua história deveria se desenvolver em torno do Nilo. E sutilmente é o que Joquebede entende; que a vida pode acontecer mesmo em condições tão adversas e tão contrárias aos seus sonhos, assim ela percebe nas águas do Nilo, por onde navegavam centenas de embarcações diariamente conduzindo desde os altos funcionários da corte até os pequenos comerciantes que dependiam destas águas para transporte de diversas mercadorias.

O Nilo, nos dias de Joquebede, era o ambiente por onde passava a vida no Egito, essas águas garantiram a sobrevivência desta nação por seus milhares de anos lhe fornecendo todos os nutrientes necessários para sobrevivência de um povo. Os egípcios foram realmente criativos na observação dos movimentos dessas águas, fazendo delas a maior ferramenta de trabalho da nação, eles desenvolveram, através do rio, pequenos braços para irrigação, mantendo as plantações e a vida dos animais. Era de lá que saía a matéria-prima para a confecção de tijolos confeccionados pelos escravos para construção de casas e obras do governo, a vida acontecia sobre as águas do Nilo.

A criatividade desce o rio Nilo

Joquebede é uma mãe detalhista, mas os pequenos detalhes que definem sua história são vistos pela singeleza de seus atos. Ela demonstra ter aptidão para lidar com as privações sem causar nenhum tipo agitação. Por mais simples que tenha sido seu aprendizado, ela provou que uma mãe sensível e atenta absorve seu conhecimento no ato de observar a vida em seu dia a dia e nas pequenas tradições que geralmente podem ser passadas de mãe para filha, assim ela se identifica com a sua realidade. Não se afastar da realidade dá a essa mãe as condições adequadas de fazer multiplicar os objetos e os itens ao seu redor, e fazer render o pouco é característica de uma mãe criativa, é a arte de lidar com o mínimo quando for preciso e transformá-lo em algo maior. Ela é um exemplo de quem consegue ser criativa com o que tem, ela nos ajuda no entendimento de que existem caminhos possíveis, muito embora não seja o que os fatos digam, mas é o ato de se debruçar no campo da imaginação e se desgastar na busca de um plano. Olhar no rosto do lindo menino e concluir que existem movimentos possíveis no mundo que podem ser realizados com singeleza, porque ela fará uso do que é simples para conseguir estabelecer conexões dizendo para si mesma: " Quem sabe se eu caminhar por aqui, eu não consiga chegar lá?". São essas pequenas ações que atuam como partículas de um grande milagre em execução.

Os detalhes da criatividade do plano da mãe de Moisés são resultados de um convívio com as atividades do dia a dia do Egito. Seu plano é construído com métodos simplificados tomando de materiais como um cesto de juncos, betume e piche para evitar vazamentos no cesto, e a grande ideia seria colocar o bebê no cesto e deixá-lo em um ponto estratégico no Nilo onde as águas pudessem conduzi-lo naturalmente para o propósito que para ele havia sido preparado.

A soberania de Deus desde o início

Para Joquebede esta é uma ótima notícia, mas a parte terrível é que faraó poderia matar seu bebê caso não houvesse alguma intervenção que mudasse seus planos. Logo, como tudo já era plano de Deus, as coisas começam a acontecer.

Primeiro, as parteiras desobedecem ao rei e não matam as crianças por temor ao Senhor. O próximo passo, então, deveria ser buscar soluções para manter vivo o pequeno Moisés.

O que percebemos até então em particular é a produção de um cenário que coloca algumas mulheres em uma ação conjunta criando um movimento para salvar a vida de um recém-nascido que teria um futuro brilhante, mas nada que pudesse produzir a ideia de que ele seria o libertador do povo hebreu da escravidão.

Não houve sonhos nem previsões a respeito do menino, a soberania de Deus estava estabelecida na inspiração dos atos criativos que estas mulheres tiveram no intuito de salvar o menino. Lembremo-nos que as parteiras evitaram matar as crianças por temor ao Senhor, com esta ação elas também evitam matar o filho de Joquebede. Mas este ainda corria o risco de ser lançado nas águas do grande Nilo. Depois de um nascimento bem-sucedido, segue-se o maior desafio que seria guardá-lo em segurança longe dos olhos do rei e de seus representantes legais. E não é fácil entender como deve ter sido todo esse processo para aquela mãe, que providenciou os meios para manter em segredo dentro de casa uma criança em condição de vida tão precária, debaixo da pressão do decreto e das imposições reais, arriscando a vida de toda a família. Mas Joquebede administrou o segredo por três meses sem que ninguém percebesse que, por trás daquela frágil habitação, o menino se desenvolvia.

Essa mãe demonstra uma habilidade sem igual nos pequenos detalhes. Será que a criança poderia chorar como é comum uma criança em seus primeiros dias de vida, quando são acometidas pelas dores naturais de um recém-nascido? Dores de ouvido, cólicas e talvez o choro por sentir fome ou por passar momentos de insônia enquanto a noite passa? Ou seria possível dizer que Deus livrou o pequeno Moisés destas dificuldades dos primeiros meses de uma criança? Como proibi-lo de chorar ou dizer pra ele: Acalme-se meu bebê, e chore um pouco mais baixo, pois os soldados do rei estão vindo! É possível manter o segredo das lágrimas de uma criança quando ela corre risco de morte? Quem é Joquebede? Que na pior das hipóteses, neste momento de sua história, saltaria em júbilo se de repente a lei fosse alterada e o seu bebê pudesse ter liberdade de gritar e ela, quem sabe, não gritaria do outro lado da casa: *Miriã! Traga-me o seu irmão, pois é hora de amamentá-lo!* Ou talvez em outra situação não dizer: *Vá buscar algumas ervas para o chazinho do bebê, pois eu acho que ele está sentido cólicas!* Situações tão simples como essas aqui colocadas somente são valorizadas quando não acontecem, e somente uma mãe como Joquebede, que foi privada destes momentos, é capaz de mostrar como essas pequenas coisas costumam ter valor em determinados momentos na vida de alguém, que por algum tipo de adversidade é privado de viver uma experiência simples.

Aprendendo e aplicando o que ensina Joquebede

Em nossos dias os cestos de junco já não possuem mais utilidades como nos dias de Joquebede, o Egito vive as agitações das civilizações modernas. Mas tal como nos dias de Joquebede, o mundo de hoje produz suas próprias dificuldades possibilitando a existência de conflitos quase que impossíveis de ser administrados nos lares. Famílias sofrem com os perigos do mundo moderno, gerando um clima de insegurança sobre os lares, com famílias sendo desfeitas a todo instante, por infidelidade, desemprego, doenças, vícios e os males virtuais da era moderna, mas, com efeito, todas as gerações, por mais que produzam suas próprias dificuldades e privações nas relações familiares, estas mesmas gerações sempre foram capazes de produzir "as Joquebedes" essenciais e necessárias para salvar a família dos decretos que desvirtuam a integridade dos lares modernos, na criação de meios simplificados e singelos na formação de grandes histórias, seja nas diferentes classes sociais, as ações de uma mãe criativa, capaz de pensar com rapidez e habilidade, que percebe a ameaça em forma de nuvens densas e opacas que estão por vir, tanto nas áreas emocionais, físicas e espirituais, Joquebede consegue discernir, e com criatividade utiliza do que está à sua disposição para proteção e construção de vidas excelentes, que um dia poderão ser capazes de impactar o mundo com transformações, primando por um mundo melhor e por uma sociedade mais justa, e assim como Joquebede percebemos que o impossível é apenas um ponto de vista, como diz a Bíblia através do apóstolo Paulo, em uma das suas mais belas expressões, *Tudo posso naquele que me fortalece (Filipenses 4:13)*, e que o Eterno Deus continue sendo o grande inspirador das "Joquebedes" modernas.

Existem vidas extremamente bem-sucedidas no mundo, pessoas que surpreendem por seu caráter e nobreza, e suas vidas são resultados da soma de pequenos projetos que uma determinada Joquebede se desdobra na produção de pequenos planos domésticos ou no trabalho secular. Existem Joquebedes ocupadas tecendo os seus cestos de junco, calafetando com betume e piche, que lavam, advogam, fazem faxinas, administram empresas, atendem telefonemas, cozinham, inventam receitas, medicam, ensinam nas salas de aula e dirigem seus automóveis. Assim elas tecem seus cestos de junco e embalam seus filhos contra as dificuldades de nossos dias que envolvem os pequenos Moisés dos nossos dias. Ela o coloca sobre o Nilo e o entrega à parte do rio onde ele poderá ser guiado pelas mãos do Altíssimo, até que fosse encontrado pela filha de faraó, que se banhava nas águas do Nilo e assim ser admirado por sua beleza e aparência saudável, porque Joquebede cuidou do menino. E a história de Joquebede não se encerra no Nilo, pois com o trabalhar do Eterno a filha de faraó ama o menino, mas não há quem o amamente

O ponto máximo da história se dá quando Miriã, a irmã mais velha que acompanhou com seus olhos o cesto descer as águas do Nilo, se apresenta a filha de Faraó e diz conhecer uma mãe de leite para o menino, e assim, o filho volta para os braços da mãe que ainda iria receber salário pago pela mãe adotiva para ser cuidado pela própria Joquebede até que se transformou no grande Moisés, que jamais teria sido o homem que se tornou se sua mãe não se ocupasse com as pequenas invenções no dia a dia.

Agradecimentos

É algo extremamente difícil expressar minha gratidão a todos os que colaboraram com a realização deste projeto, afinal de contas foram tantos os que, durante este período, estiveram do meu lado nas orações, no incentivo e nas sugestões.

Mas é de grande relevância fazer citações de alguns que fizeram parte das principais movimentações de minha história de vida; meus devidos agradecimentos a Deus, que tem feito de mim um canal de bênçãos. Mesmo diante das minhas limitações, tenho me sentido fortalecido por sua graça e amor. Sou também grato a Deus pelo exemplo de vida deixado pelos meus pais Adriano e Conceição. Ambos faleceram no ano de 2013. Meu pai, por sua força e determinação, nos cuidados da família e minha querida mãe, que se esforçou tanto para minha formação pessoal e espiritual.

As minhas irmãs e irmãos Maria, Marta, Marlene, Mariza, Marcelo e Mateus. Meu cunhado Jorge, minha cunhada Marilda, como também a todos os meus sobrinhos: meus sinceros agradecimentos pelo amor e carinho dispensados.

Minha gratidão ao meu sogro José Eduardo e a minha tão dedicada sogra Margarida e todas as minhas cunhadas e cunhados. Vocês são um exemplo de vida.

Em especial quero também agradecer ao meu pastor presidente Moisés Silvestre Leal e toda a sua família, que com toda certeza é também um dos grandes responsáveis pela realização deste projeto. Minha gratidão por sua confiança, apoio e incentivo. A sua esposa Ester Vieira Leal por sua característica de mãe exemplar e determinação nos incansáveis trabalhos sob a sua responsabilidade.

Aos meus diretores e esposas: Pr. José V. Izidório e Nilcie, Pr. Simoní e Rosa Maria, Pr. João Carlos e Silma, Pr. Paulo e Nanci, Pr. Luiz Carlos e Bete e Dr. Gladson. Também quero fazer menção ao meu tão estimado Pr. Sebastião Evangelista e sua esposa Helena, ao Pr. Josézito, sua esposa Cleuza e família, Pr. Ataíde Lino e Graça. Meu carinho e respeito por todos vocês: muito obrigado! E a todos os meus amigos e companheiros de nosso colégio pastoral minha gratidão.

Ao meu nobre companheiro Pr. Antônio Carlos e sua esposa Fatinha, aos obreiros e esposas de toda a região da Serra do Capivari/BH, com seus respectivos membros e congregados: meus sinceros agradecimentos.

Ao meu nobre amigo Pr. Idail e toda a sua família, por seu grande apoio, e por ter sido o canal de Deus para que este projeto se realizasse.

Aos meus colegas professores da faculdade teológica Karpus e a todos os meus alunos dos cursos de bacharel e médio em teologia, minha gratidão.

A todos os que me ajudaram com sugestões e auxílio técnico: Pr. Douglas e Renata, Felipe e Bárbara, Pr. Laércio e esposa, Dra. Margarete, Mara Acácio e meu amigo Elioenai. A toda a equipe da Editora Ágape pela confiança, orientação e assistência no desenvolvimento do projeto. Em especial, agradeço ao André e a Rubenita. Amei conhecê-los.

Quero agradecer ao primeiro casal com quem compartilhei, pela primeira vez, o sonho de escrever o meu livro, ainda em minha juventude, Heloiza Lagaris e o Dr. Jeremias Ribeiro. Obrigado por vosso incentivo e apoio. A algumas mães que tive a honra de ter ao meu lado na construção de minha história: Elizete, tão carinhosamente apelidada por Téta, Alice, Vania e a irmã Beatriz R. Santos.

Reservo estas últimas linhas para que, carinhosamente, eu possa agradecer a minha esposa Fátima e as minhas duas filhas Gabriela e Nathalia. Minha esposa foi a primeira a ler e a dar opiniões e sugestões em cada texto escrito. Ela é para mim a linda representação de uma dádiva de Deus ao meu lado, nas alegrias e nas maiores dificuldades. Obrigado por cuidar de mim e de nossas filhas tão bem, obrigado por nos ajudar e cuidar com tanto zelo dos meus pais em um momento tão delicado. Louvo a Deus por sua paciência e dedicação. Eu, Gabriela e Nathalia te amamos muito. Deus te abençoe.

Referências Bibliográficas

SANTOS, Francisco Ferreira. *Dicionário Analógico da Língua Portuguesa*. São Paulo: Lexikon, 2010.

BONDER, Nilton. *O Sagrado*. São Paulo: Rocco, 2007.

FARINATI, Débora Marcondes. *Aspectos emocionais da infertilidade e reprodução medicamente assistida.*

WIERSBE, Warren W. *Comentário bíblico expositivo*. Central Gospel.

HENRY, Matthew. *Comentário Bíblico* . CPAD.

Saiba mais, dê sua opinião:

Conheça - www.agape.com.br
Leia - www.editoraagape.com.br/blog

Curta - /Editora Ágape

Siga - @editoraagape

Assista - /EditoraÁgape